朝倉智也

投資のプロが明かす

私が50歳なら、こう増やす!

GS
幻冬舎新書
709

はじめに

この先、ちゃんとお金がもつのか？

50歳を迎えると、多くの方は老後に対する不安が高まってくるようです。私が講演するセミナーに参加する方も、年代別に見ると50代が多い傾向があり、「いまからでも投資を始めるべきですか？」などと質問されることが少なくありません。

そこで本書では、資産運用の世界で約35年間生きてきた私が、自らを「**50歳の投資未経験者だと想定したら、どのようにお金を増やすか？**」を開陳《かいちん》したものです。

「人生１００年時代」といわれるいま、50歳は人生の折り返し地点でもあるわけですが、子育てが終盤という人も多く、お金に余裕が出てくるタイミングでもあります。その意味では、**50歳から資産運用を始めるというのは、いいタイミングである**といえます。

加えて、**いまほど低コストで良質な金融商品が揃《そろ》ったことはかつてない**ともいえるので、チャンスでもあります。

ですが、そもそもなぜ50代になると不安を感じ始めるのでしょうか？　金融庁が発表した報告書によると、「年代別の老後不安」については、50代は1位が「お金」、2位が「健康」、3位が「認知症」、4位が「自らの介護」、5位が「配偶者の介護」「両親の介護」となっています。

定年を意識し始めて「年金生活」を無事に送れるかどうか心配になったり、親の老いを目の当たりにすることによって介護など老後への不安がより現実的なものとして迫ってくるのが、50代なのかもしれません。

また、メディアでは近年、「長生きリスク」が繰り返し叫ばれるようにもなっています。前述のように「人生100年時代」ということは、50歳の人はまだ人生の折り返し地点ということになります。

「100歳まで長生きできるのであればうれしい」というより、「まだ折り返し地点なのか、この先ちゃんとお金がもつだろうか」という不安のほうが強いというのが、多くの人の感覚ではないでしょうか。

実際、「人生100年時代」というのは誇張ではないようです。

厚生労働省が発表している「令和3年簡易生命表の概況」の「主な年齢の平均余命」によると、50歳を迎えた人で男性は平均で82・93歳、女性は88・61歳まで生きる計算です。

無事に75歳を迎えた人の寿命の平均は男性で87・42歳、女性は91・08歳です。これらはあくまで「平均」ですから、90歳、100歳というのは私たち一人一人が「現実的にありうる自分の寿命」として見据えなければならないでしょう。

50代はどのくらいの貯蓄があれば安心なのか

では、老後への備えはどれくらいできているのでしょうか。

これは個人差が大きいと思いますが、参考までに「世代別の老後への備え」の状況を見てみると、50代の金融資産額は平均で1132万円となっています。

図1　世代別・老後の備えについての現状と理想

	現在の金融資産額（平均額）	老後の備えとして十分な金融資産と自ら想定している金額	差額
20代	244万円	2,333万円	−2,089万円
30代	494万円	2,906万円	−2,412万円
40代	780万円	3,093万円	−2,313万円
50代	1,132万円	3,424万円	−2,293万円
60〜70代	1,830万円	3,553万円	−1,724万円

出所：金融庁「金融審議会 市場ワーキング・グループ報告書『高齢社会における資産形成・管理』」より作成

一方で、「老後の備えとして十分な金融資産と自ら想定している金額」を尋ねると、50代の回答の平均は３４２４万円です（図1）。

その差額は、２２９３万円。つまり平均的に見ると、50代は「老後の資金が２０００万円以上不足すると危惧している」ということになります。

「２０００万円不足」と聞くと、思い出されるのは「老後２０００万円問題」でしょう。

２０１９年に金融庁の金融審議会市場ワーキング・グループが発表した報告書

図2　高齢夫婦・無職世帯の家計収支（2017年）

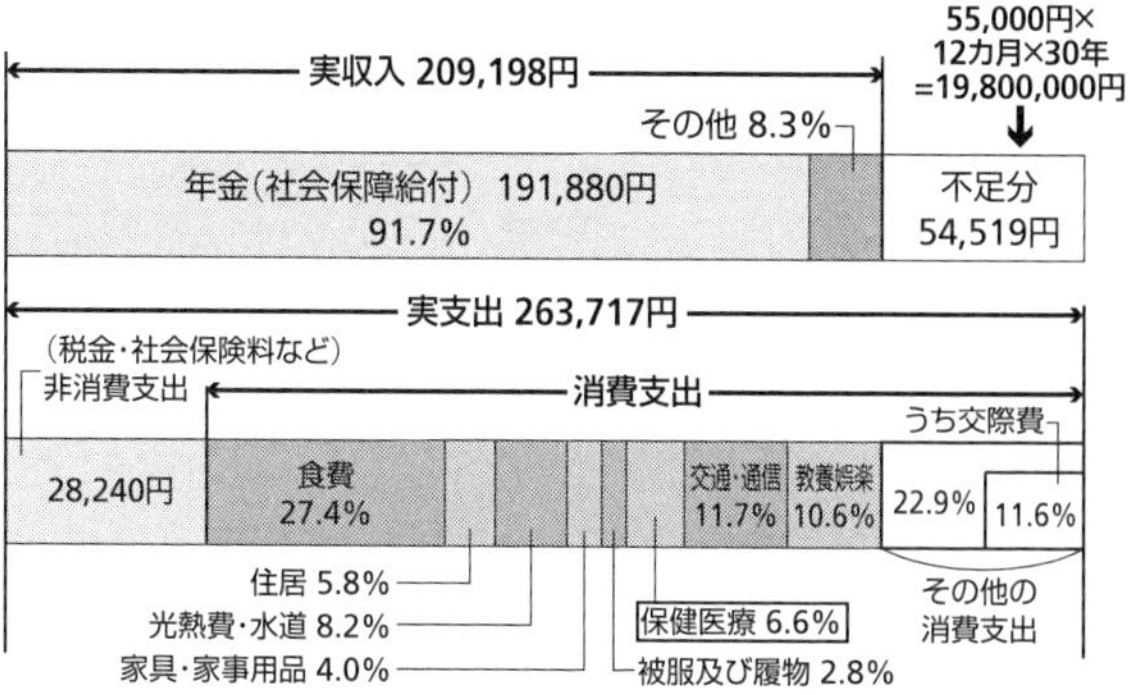

※高齢夫婦無職世帯とは、夫65歳以上、妻60歳以上のみの無職世帯を指す
※図中の「社会保障給付」及び「その他」の割合（%）は、実収入に占める割合
※図中の「食費」から「その他の消費支出」までの割合（%）は、消費支出に占める割合

出所：総務省統計局「Ⅱ 世帯属性別の家計収支（二人以上の世帯）」より作成

の中に、夫婦２人が老後に公的年金だけで生活する場合、平均的な収支のデータから計算すると、30年間でおよそ２０００万円不足するという試算があり、「２０００万円もの老後の資金を自力で準備しろというのか」という怒りや不安の声がメディアで大きく取り上げられたのです。

「平均的なデータ」がどのようなものか、せっかくですのでここで確認してみましょう。図２は、総務省統計局による「世帯属性別の家計収支」から、高齢夫婦無職世帯の１カ月あたりの収入と支出のデータを抜き出したものです。

年金などの「実収入」が20万９１９８円なのに対して支出は26万３７１７円ですから、１カ月の差額は５万４５１９円ということになります。

つまり、現在の高齢夫婦無職世帯は、年間では、約５万５０００円×12カ月＝66万円を貯蓄などから取り崩して生活している計算になるわけです。

この生活が30年続くと仮定すれば、取り崩さなければならない額は66万円×30年＝１９８０万円となります。これが「老後２０００万円問題」の中身です。

そもそも収入や支出は各家庭で異なることを考えれば、誰もが２０００万円を準備しなければならないというわけではありません。

働き続けて収入を増やしたり、支出を抑えたりすれば、取り崩さなければならない金額はぐっと少なくなるでしょう。

とはいえ、平均的なデータを眺めてみることで気づく点もあります。

50代のみなさんのいまの収入と比べれば、老後はかなりの収入減を覚悟する必要がありそうですし、「いまの生活水準を維持するとなると、老後の支出を抑えるのは限度があるかもしれない」と感じる人もいるでしょう。

セミナーなどで多くの50代の方から質問を受けたり、さまざまなデータを見たりしている限り、問題が「２０００万円」かどうかはさておき**「現状ではまだ老後の準備が足りない」という人が圧倒的に多い**のではないかという印象を私は持っています。

現在の年金や健康保険が維持できないのは明らか

さらに、いま50代の方は、これからみなさんを取り巻く環境が、より厳しくなっていきそうなことも考慮する必要があります。

年金や健康保険などの社会保障の行方を心配する声は小さくありませんが、実際のところ、社会保障サービスの低下が起きることは避けようがないと考えられるからです。

図３は、１９９０年度と２０２３年度の日本の財政構造を比較したグラフです。歳出額は、66・２兆円だったのが１１４・４兆円へと、約48兆円も増加しました。

中身を見ると、年金や介護保険、健康保険などの社会保障だけで25兆円余りの増加になっていることがわかります。

図3　日本の財政構造のおどろくべき変化

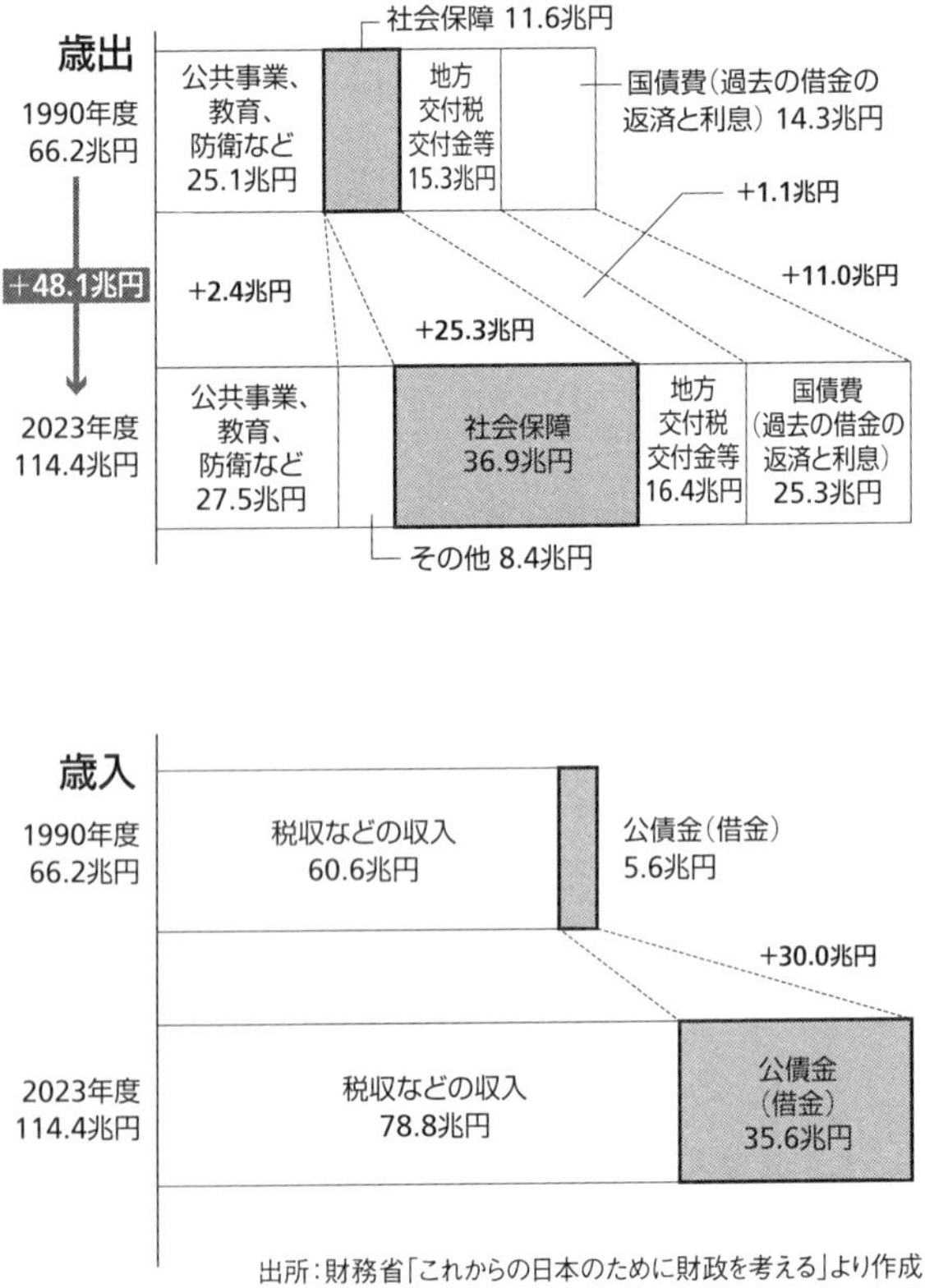

出所：財務省「これからの日本のために財政を考える」より作成

そして、大きく膨らむ費用を埋めるため、税収の伸びだけでは足りずに、公債金（借金）をおよそ30兆円も増やしてしまいました。「社会保障費が増えた分だけ、借金でまかなっている」と考えてもよいでしょう。

社会保障費の増大を借金でカバーする状態は、持続可能といえるのでしょうか？

国債の発行残高は２０２３年３月末時点で１２７０兆円にまで増加し、対ＧＤＰ比で２５８％となっており、これは他国と比べて圧倒的に高い水準です。多くの人が、「このままではもたない」と思うのは当たり前のことでしょう。

このような前提を確認すれば、いま50代のみなさんが、老後はかなり厳しい状況になることを覚悟すべきだということがおわかりいただけるかと思います。

たとえば**医療や介護の自己負担が重くなったり、サービス内容が低下したり、老後の社会保険料の負担が増したりする**可能性は十分にあります。

さらにいえば、消費税率も将来的には引き上げがあると考えておいたほうがいいかもしれません。

図4　世界各国の付加価値税率の比較（標準税率）

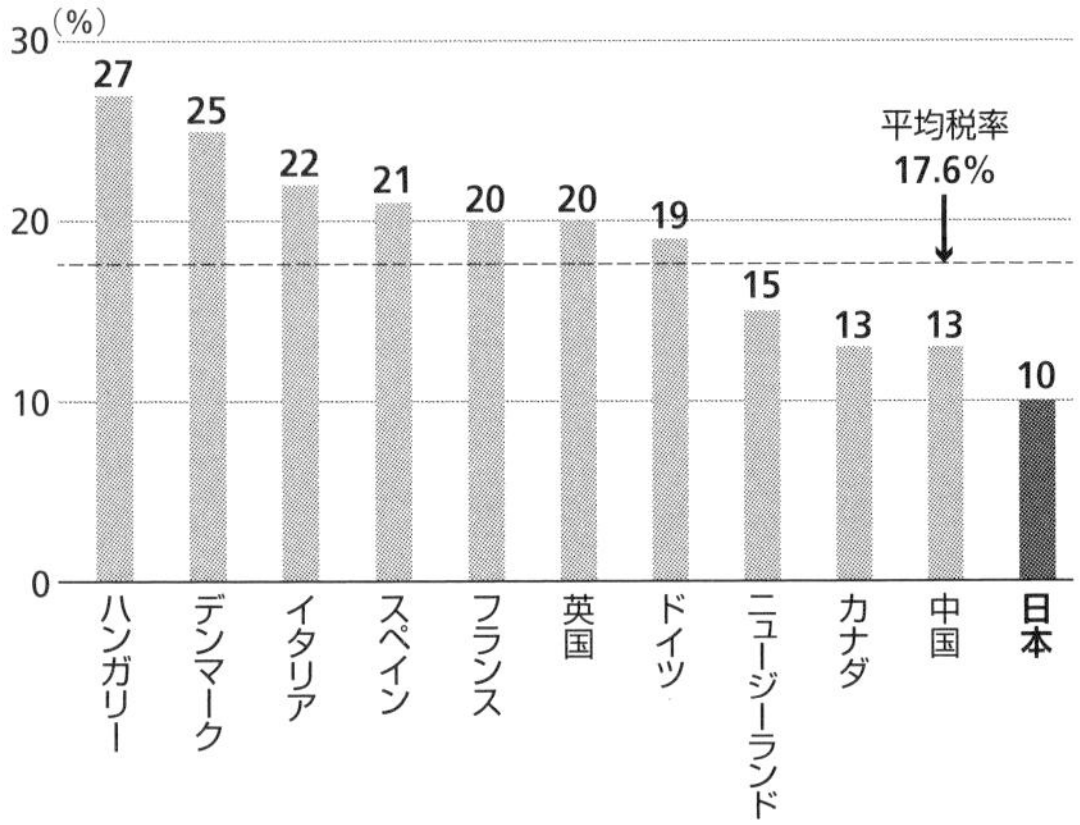

出所：財務省「消費税など（消費課税）に関する資料」より作成。
データは2023年1月時点のもの

図４は、世界各国の付加価値税率（付加価値税は日本の消費税のようなもの）を比較したグラフなのですが、このグラフを作成して公表しているのは、財務省です。

つまり財務省は、「日本の消費税率10％という水準は、世界各国と比べれば、まだまだ低い」といいたいのでしょう。

親切なことに、さほど意味のない「平均税率」まで示したこのグラフは、「消費税率を17・6％程度まで上げても問題ない」といっているようにも見えます。

インフレが進むと、預貯金の価値が下がる

私はこれまで投資信託という金融商品の中立的評価会社の代表を長く務め、資産運用について啓発に努めてきました。現在は、ＳＢＩグループの資産運用全般を管理・運営する立場にあります。

そのような資産運用のプロとして、厳しい状況に置かれている50代のみなさんにお伝えしたいのは、「一日も早く資産運用を始めるべきだ」ということです。

資産運用と聞くと、「それは資産家のためのものだろう」「大金を持っていない自分には関係ない」などと感じる人がまだまだ多いようです。しかし私は、老後の資金の準備が間に合っていない焦りを感じている人や社会保障制度への不安などに対処したい人にこそ、最善の方法として資産運用をすすめます。

また、詳しくは序章でご説明しますが、これから日本でインフレが進む可能性が高いことにも目を向ける必要があります。

実は「コツコツ貯蓄をしてきたので老後の資金のめどは立っている」という人にとっ

ても、資産運用は必須なのです。
インフレが進むということは、大事な預貯金の価値が下落することを意味するからです。

幸い、２０２４年1月から新ＮＩＳＡが始まります。詳しくは本文で解説しますが、資産運用をこれから始めるみなさんにとって、とても有利な制度です。

待ったなしで資産運用を始める必要がある50代のみなさんにとって、本書が少しでもお役に立てば、著者としてうれしく思います。

私が50歳なら、こう増やす！／目次

構成　千葉はるか
図版・DTP　美創

序章　「現金か預金」しか持っていない人は、危ない！

物価が年3％上がれば、20年でお金の価値は半分になる

日本では、これまで投資をしない人のほうが多数派だったといっていいでしょう。

みなさんの中にも、「投資は自分にとって身近とはいえず、あまり考えてこなかった」「損をしたくないし、投資をするのはなんとなくこわい」という人がいるのではないでしょうか。

日本人があまり投資をしていないことは、データで見ても明らかです。アメリカ、欧州、日本の家計について、それぞれの資産構成を比べると、投資商品である株式や投資信託などの有価証券の保有割合はアメリカが56・2％、欧州が33・3％なのに対し、日本は16・7％にすぎません。

その代わりに、日本の家計の半分以上を占めているのが「現金・預金」です（図5）。

この「現金・預金」がいま、危険にさらされていることをご存じでしょうか？

図5　欧米に比べてあまりにも多い、日本人の「現金・預金」の比率

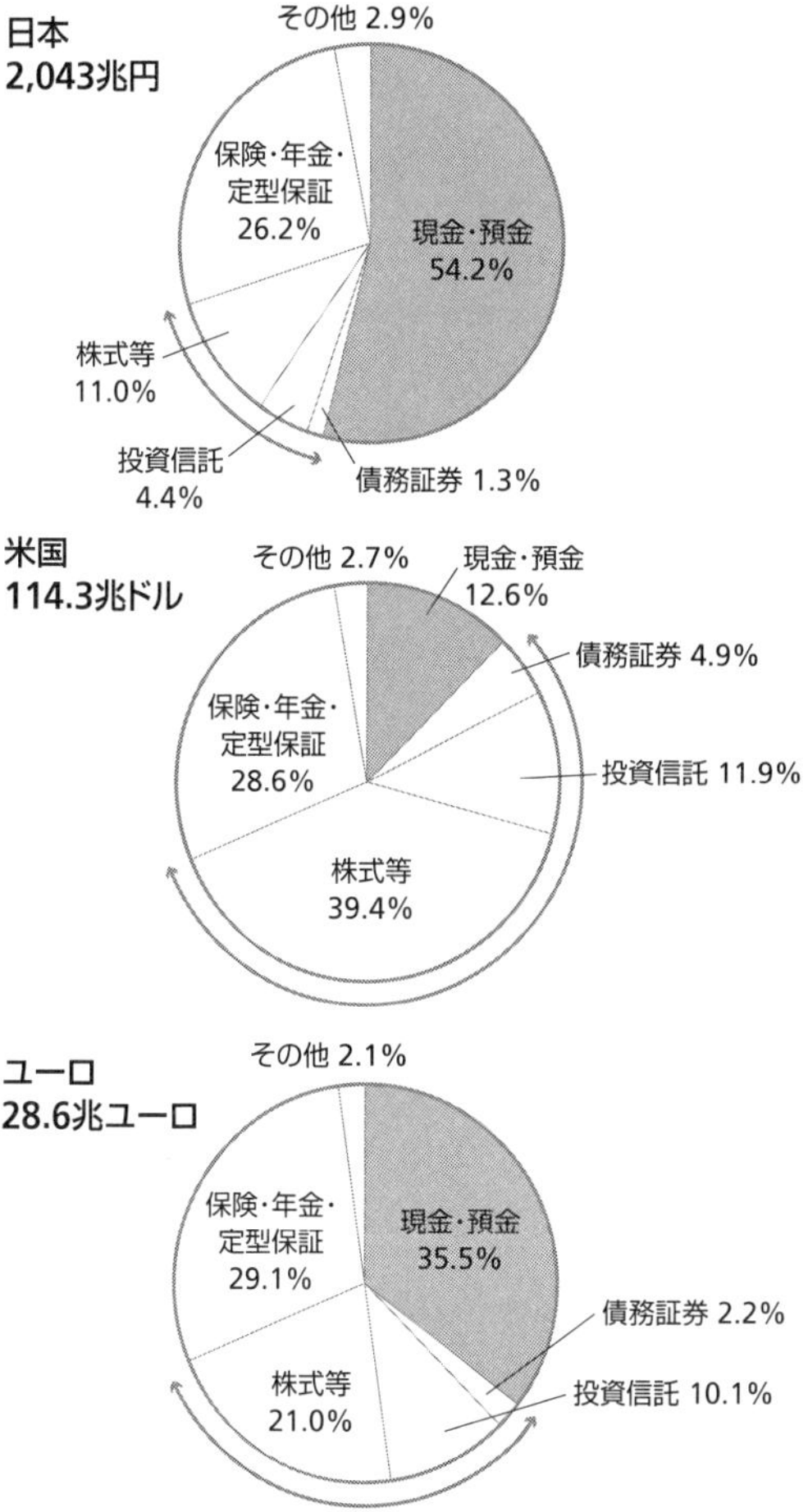

※データは2023年8月25日時点のもの

出所：日本銀行調査統計局「資金循環の日米欧比較」

日本では、長らく物価が持続的に下落する「デフレ」の時代が続いていました。デフレ下では物の値段が下がるわけですから、お金の価値は相対的に高くなります。現預金でお金を貯めておきさえすれば、その価値が高まっていくわけですから、節約するなどして貯蓄に励めば、自分の資産を守ることができたわけです。

ところが昨今、みなさんも日々の生活で感じているとおり、物価が上がり始めています。

これが一時的なものではなく、今後、日本がインフレの時代に入っていくとすれば、私たちはこれまでの〝常識〟を変えなければなりません。**インフレ下では、「お金を貯めていれば資産を守れる」という常識は通用しなくなる**からです。

仮に、年3%ずつ物価が上昇していったとしましょう。ちなみに、この「3%」というのは、物価上昇率として決して高くはなく、今後の日本では十分に起こり得る水準です。

図6　毎年、物価上昇率が3％で推移した場合の、現金の実質的価値

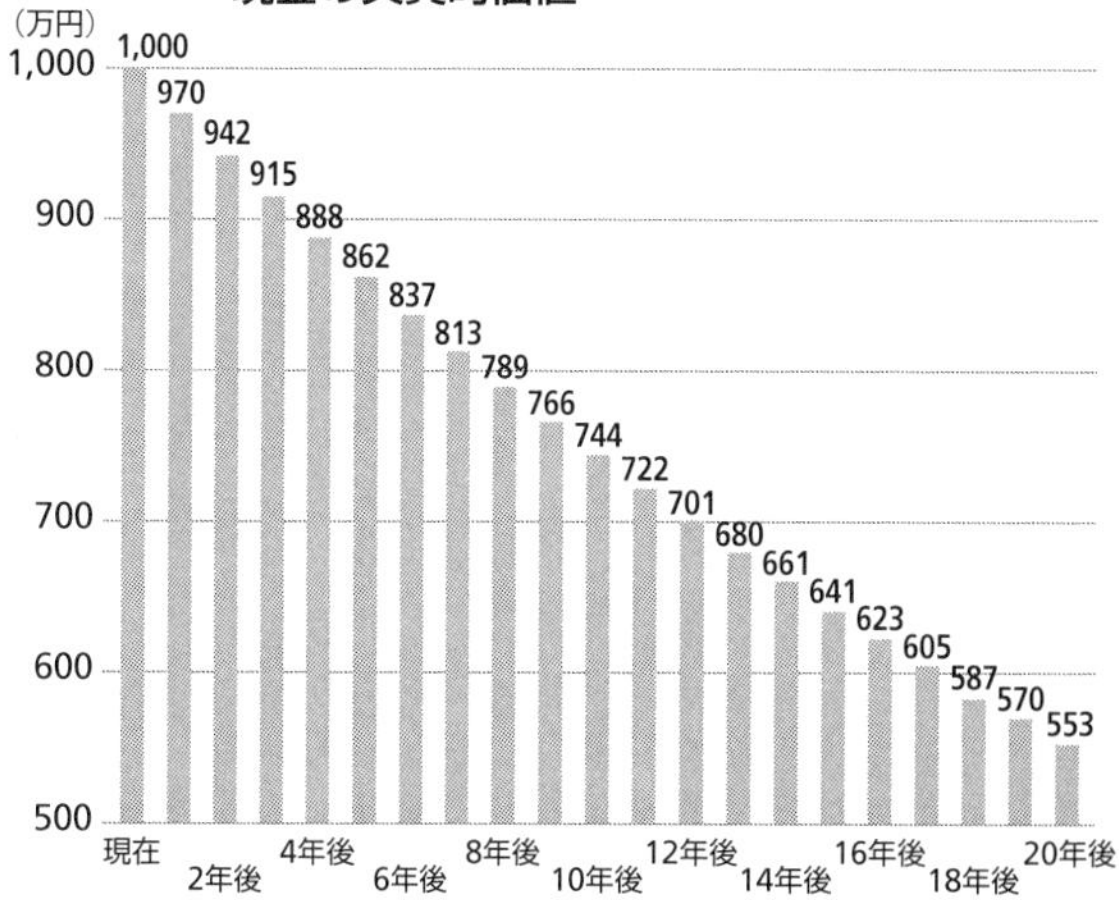

物価上昇率３％が続くと仮定すると、20年後、現金の価値はどれくらいになると思いますか？

図６をご覧ください。このグラフは、物価上昇によって現金の実質的価値がどれくらい目減りするかを試算したものです。

たとえば現金１０００万円の価値は、20年後にはいまの５５３万円と同じくらいの価値になってしまいます。ざっくりいえば、およそ半分の価値しかなくなってしまうわけです。

物価上昇が続くこれだけの理由

デフレは30年近く続いてきましたから、みなさんの中には「インフレだと騒ぐ声もあるけれど、物価上昇はいっときのことで、本格的なインフレにはならないのでは？」と思っている方もいるかもしれません。

たしかに物価が一方的に上がり続けるとは限りませんが、私は大きな時代の流れとして日本がデフレからインフレに移っており、物価上昇基調は継続すると考えています。

図7をご覧ください。これは日本の消費者物価指数（総合）の推移を示したものです。すでに２０２２年12月の段階で、生鮮食品を除く総合指数が４・０％（前年同月比）の上昇となりました。

このような物価の動きは、41年ぶりですが、つまり、現在50代の方が10歳くらいのころ以来だということです。

私自身も41年前は16歳でしたから、大人になってからはみなさんと同様、ずっとデフレ時代を生きてきました。

図7　日本の消費者物価指数の推移

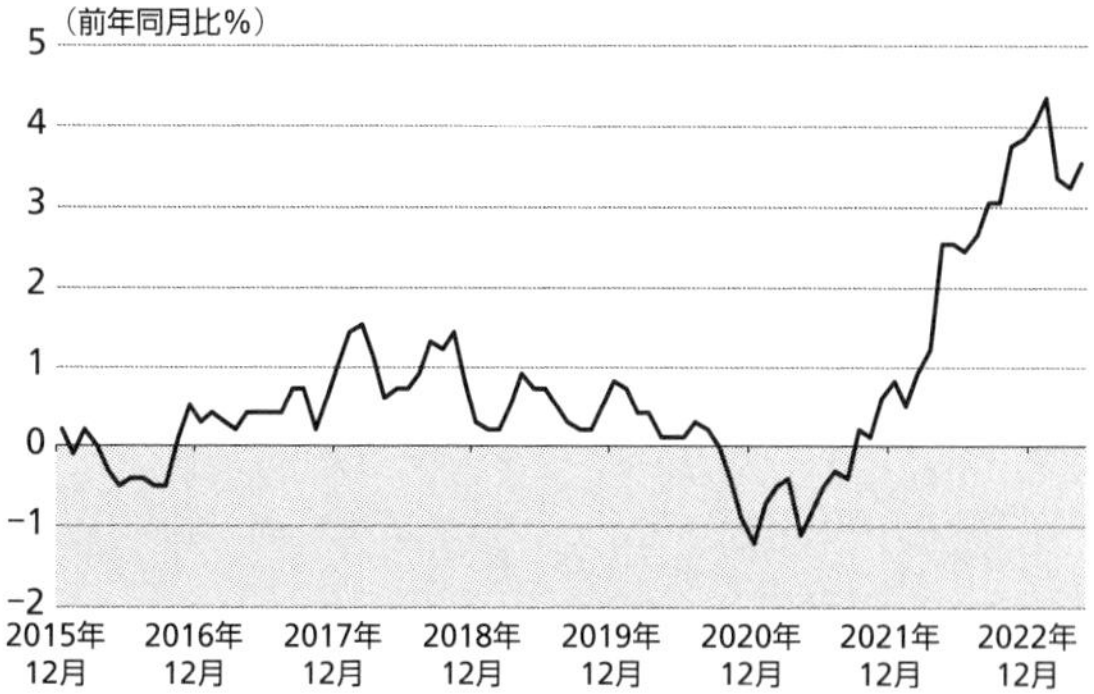

※消費者物価指数は「全国・総合（季節調整前）の前年同月比」を使用
※総務省「2020年基準　消費者物価指数」（月次）より作成

日本の物価は1981年以来、41年ぶりの上昇率を示している

つまり、いまの日本は多くの人にとって「未経験のゾーン」に入ったといっていいのです。

　このような物価の上昇が今後も続くと考えられる理由の1つは、人手不足です。

　日本は少子高齢化が進み、最近はさまざまな業界で深刻な人手不足が生じているというニュースを目にすることが多くなりました。

　絶対的に人手が足りない中で人材を確保しようとすれば、企業側はそれなりに賃金を上げていかざるを得ません。**これは企業にとっては重いコストとなり、企業が提供するさまざまな物やサービスの**

価格上昇につながります。


地政学上の問題も、物価上昇に直結します。

東西冷戦の時代から米中新冷戦の時代へと世界の対立構造が変化する中、「産業のコメ」とも呼ばれる半導体の製造拠点を中国から移転させる動きが加速しています。

経済安全保障上は必要な対応ですが、これがさまざまな製品のコストアップ要因になることは、間違いありません。


気候変動も、物価上昇の要因となります。

日本では気候変動の直接的な被害を実感することはまだ少ないかもしれませんが、欧米を中心に、世界ではすでに気候変動が引き起こしていると見られる大規模な災害が多発しています。グローバルな視点で見ると、気候変動に対する危機感は切迫したものだといっていいでしょう。

もちろん再生可能エネルギーへのシフトは一朝一夕には進みませんが、世界各国が二酸化炭素排出削減を目指すことは必須となっています。

そしてこれは、化石燃料の長期的な需要減少が避けられないことを意味します。

化石燃料の生産に新たな設備投資をしようという企業は多くなく、このような事情を背景として、化石燃料の価格上昇は中長期的に続くことになりそうです。

物価上昇の根拠をいくつかご紹介しましたが、こうしたさまざまな構造的要因を考え合わせると、私はそう簡単にデフレ基調に戻ることはないのではないかと思います。

物価上昇に、賃金や金利が追いつかない

物価が上昇する中、最近は給料を引き上げるというニュースもよく目にします。

物価上昇と同じくらい賃金がアップすれば、日々の生活にはあまり影響はないかもしれません。

しかし、たとえば賃金が３％上がったとしても、物価が５％上昇すれば、実質的には賃金が下がることになります。

図8　過去10年間の実質賃金の推移

※期間：2013年1月～2023年2月

出所：厚生労働省「毎月勤労統計調査」

　では、実際はどうでしょうか？

　図8は、実際に受け取る金額を表す「名目賃金」から物価変動の影響を差し引いて算出する「実質賃金」がどのように推移しているのかを示したものです。

　このグラフを見ていただくとわかるとおり、残念ながら賃金上昇はインフレにまったく追いついておらず、実質賃金は下落が続いています。

　先ほどご説明したように、いまは人手不足ですから、今後は賃金を上げざるを得なくなる企業が増えてくると考えられます。

いずれは実質賃金がプラスになることもあるかもしれません。しかし、大企業はそれなりに賃金を引き上げることができても、中小企業の中にはなかなか賃上げに踏み切れないところも多いのではないかと思います。

「自分の勤務先では賃上げは望めない」と感じるのであれば、物価上昇の影響をもろに受けることになりますから、今後のマネープランについてはいままで以上に真剣に考える必要があります。

もう1つ、物価上昇にともなって注目したいのが、金利の動向です。

インフレになると預貯金の価値が下がるとご説明しましたが、もしインフレに負けないくらい預金金利がつくなら、資産の価値は守られることになります。

これも実際にどのような状況になっているのか、データを見てみましょう（図9）。

金利の基準となる「10年国債の利回り」から「物価上昇率（消費者物価指数）」を差し引いた「実質金利」の推移を見ると、近年はほぼマイナスで推移していることがわか

図9　実質金利の推移

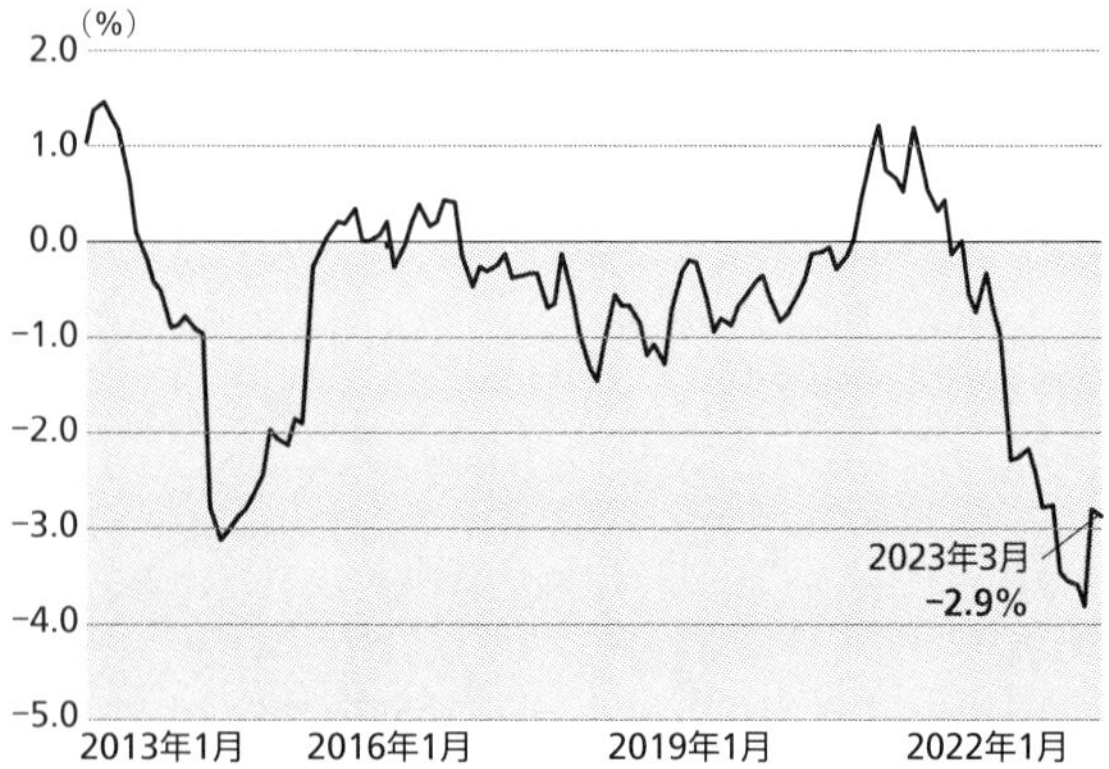

※2013年1月末～2023年3月末（月次）
※実質金利＝10年国債利回り−消費者物価指数
※消費者物価指数は2020年基準の「全国・総合（季節調整前）の前年同月比」を使用

ります。

つまり、**いま現在も私たちの預貯金の価値は目減りしている**ということです。

一般的に、インフレが過熱した場合、中央銀行は金利を引き上げるのが定石《じょうせき》です。これは、金利が上がると、高い金利で資金を調達しなければならなくなった金融機関が企業や個人に貸し出す金利も引き上げるからです。

お金が借りにくくなると、企業が借金して設備投資をするのをやめたり、個人がローンを組んで家や車を買うのをやめたりします。すると景気が下向きになり、物価が下がる方向に進むわけです。

では、今後の日本で、インフレに伴って金利が引き上げられることはあるのでしょうか？

私は、金利引き上げにはあまり期待できないと思っています。というのも、いまの日本の政府には「金利を上げたくない理由」があるからです。

まず、金利が上がると借金を返済する際の金利負担が重くなります。

いま国には1270兆円もの借金があり、借金なしではやっていけない状況です。

金利が上がると、莫大な借金に対する金利も上がってしまい大変なことになるので、金利上昇はなんとかして避けたいはずです。

一方で、インフレになれば物価上昇に伴って自然に税収がアップするので、借金の負担は目減りします。つまり、国が莫大な借金を返済するためには、インフレが続く中で金利を低いままにしておくのが得策だということになります。

しかし、預金金利がまったく上がらず、物やサービスの値段が上がるということは、私たちにとっては非常に不利な話です。このような状況を「金融抑圧」といいますが、誰が抑圧されているのかというと、私たち国民が抑圧されているわけです。

インフレでお金の価値が下落して国の借金の負担が減ることは、「インフレ税」と呼ばれます。

インフレが起きても、私たちはさほど騒ぎません。フランスなどでは暴動が起きたりしていますが、そもそも日本では物価が上がるという経験をしたことがない人が多く、デモが起きる気配はありません。

これが、もし消費税の話なら、1％でも上がるとなれば大騒ぎになるはずですから、政府にとって「インフレ税」は恩恵が非常に大きいといえるでしょう。

物価の上昇に、賃金も金利も追いつかないというのは、私たち国民にとって非常に過酷な状況なのです。

老後の年金も、インフレ以上には増えない

もう１つ知っておかなければならないのは、インフレによって私たちが将来受け取る年金額がどのような影響を受けるかについてです。

物価が上昇した場合、年金額が同じくらい引き上げられなければ、実質的に年金の価値は減ってしまうことになります。

では、実際はどうなるのでしょうか？

年金額は毎年、賃金や物価の変動率を基準に改定されています。現役世代の賃金や物価が上昇すれば、ある程度は年金額もアップするのです。

しかし２００４年の年金制度改正では、物価や賃金の上昇をそのまま年金額に反映しない「マクロ経済スライド」という仕組みが導入されています。年金制度を維持することを目的に導入されたこの仕組みがあるため、**インフレになっても、物価上昇をカバーするほどには、年金額は上がりません。**

つまり、年金もインフレには勝てないことが確定しているわけです。

円安が進めば、資産は目減りする

２０２２年、急速に進む円安が私たちを直撃しました。10月には一時、１ドル＝１５１円台後半まで円安が進み、１９９０年８月以来となる32年ぶりの円安ドル高水準に達したことが大きなニュースにもなりました。

２０２３年も、後半に入って為替相場の動向を報じるニュースが増え、引き続き円安基調が続いています。

図10は、１９９０年以降の円ドル相場の推移を示したものです。１ドル＝１２０円を基準とすると、これまで私たちが長く円高の時代を過ごしてきたことがわかります。

１９９５年４月には一時１ドル79円75銭まで円高が進み、２０１１年10月にも１ドル80円を切る水準まで円高が進む局面がありました。

為替が円高に振れていた時代は、多くの人が海外旅行を楽しみ、各地でブランド品を買い漁ったりしたものです。

いま50代のみなさんは、かつてその多大な恩恵に浴してきたのではないでしょうか。

図10　円ドル相場の推移

※米ドル・円レートはTTM（三菱UFJリサーチ&コンサルティング）
※期間：1990年1月～2023年3月（月次）

円相場は1990年8月以来32年ぶりの安値になった！

ここで改めて、このような為替相場の動向が、私たちにどのような影響をもたらすのかを見てみましょう。

図11をご覧ください。仮にいま、１０００万円の資産があるとしましょう。

１ドル＝１００円の場合、１０００万円には10万ドルの価値があります。

ここから円高が進み、１ドル＝80円になった場合、１０００万円は12万５０００ドルの価値を持ちます。一方、円安が進んで１ドル＝１５０円になれば、１０００万円は６万６６６６ドルの価値しか持たない計算です。

図11　円安は、円建て資産の価値の下落になる

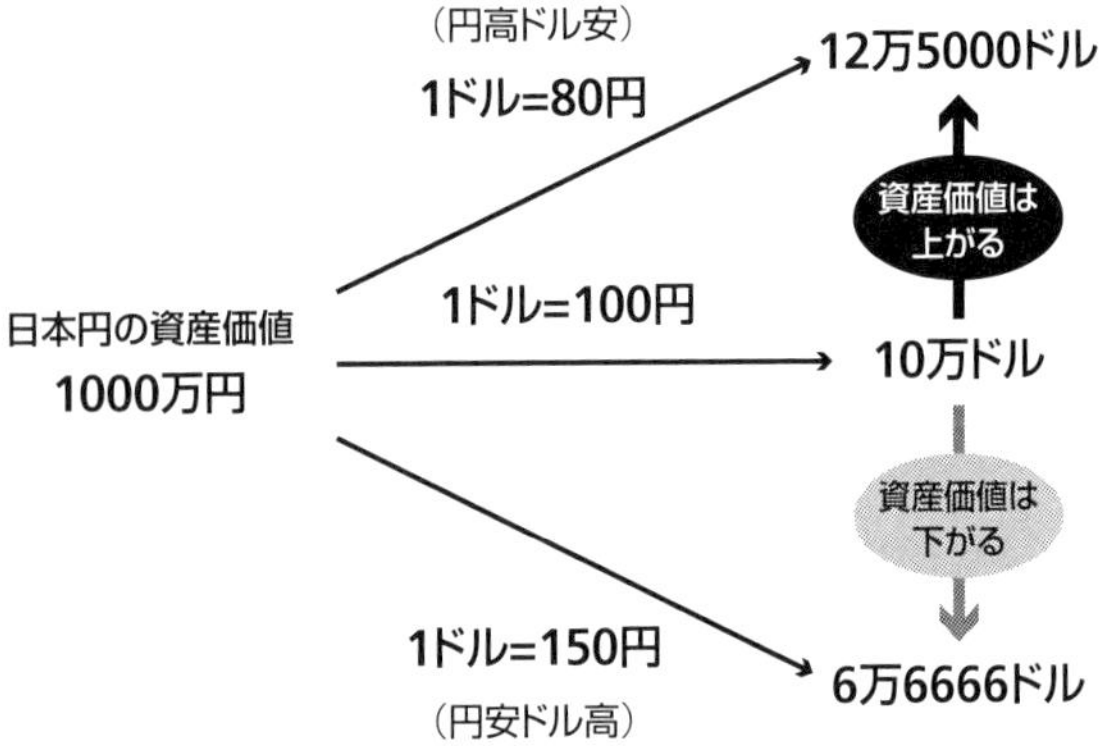

こうして計算してみると、円安によって私たちの「円建て資産」の価値がどれほど下落するかがよくわかるはずです。

もちろん、為替変動のメリット・デメリットは、一概にはいえない面があります。

企業収益という面で見れば、輸出産業にとっては円安の恩恵は非常に大きいといえます。輸出に強いメーカーなどで働いている人の中にも、その恩恵を受ける人は多いでしょう。

一方で、当然ながら円安は輸入価格の上昇に直結します。エネルギー、食品、素材などの値上がりはインフレ要因とな

り、私たちの生活を圧迫することになります。

また、円建て資産の価値が下がれば、海外旅行や海外留学したりするのは不利になります。

私たちは日本で生活しており、給料も年金も円で受け取ります。資産運用の中心が円という通貨に偏るのは自然なことです。

しかし、これから円安が進む可能性を考えると、「円建て資産の価値が下がる」ことから、どのように自分の資産を守るのかも考える必要があるのです。

私自身は、これからは一時的に円高になることがあっても、強烈に円高が進行することはないだろうと思っています。これは、**長期的には「経済が強い国の通貨が買われる」**ものだからです。

そして**「経済の強さ」は、人口動態に大きく左右されます。**日本で今後人口が減少することを前提とすれば、国力の衰退は避けられないのです。

資産を増やすためには、運用利回りを上げるしかない

インフレ時代を迎えたにもかかわらず、私たちは給与も金利もインフレを上回る上昇を見込むことができず、受け取れる年金の価値の目減りは確定的です。

さらに、円安が進めば、円建てでの資産価値は下がります。

このような状況で何をすべきかといえば、私は「運用利回りを上げるしかない」と思っています。

私たちが築く金融資産は、「金融資産＝（収入－支出）×運用利回り」で計算できます。収入から支出を差し引いた分をただ貯めていく場合、金融資産を増やすには、収入をアップするか、支出を減らすしかありません。

しかし、収入を増やすというのは簡単なことではないでしょう。大企業では賃上げの動きがありますが、先ほども少し触れたように、日本の全企業数のうち99％以上を占める中小企業の多くは、簡単には給料を上げられないのではないかと思います。

しかも仮に給料が上がったとしても、インフレを上回るほど十分な引き上げが行われ

なければ、実質的な収入は目減りすることになるのです。

では、支出のカットはどうでしょうか？　節約の余地があればチャレンジするのもよいと思いますが、インフレ時代には節約が物価上昇に追いつかないことも十分に考えられます。

これまで節約しながら貯蓄を続けてきたという方の場合、給与が上がらずインフレで生活費が増えれば、貯蓄の継続さえ、ままならなくなるおそれもあります。

金融資産を増やすには、原則として「収入を上げる」「支出をカットする」「運用利回りを上げる」のいずれかしか方法がありません。

私が「運用利回りを上げるしかない」と考えるのは、この3つのうち、最も現実的な選択肢だからです。

ここで思い出していただきたいのが、日本の家計資産の54・2％を「現金・預金」が占めているということです。

現金で保管している資産の運用利回りは、もちろんゼロです。

そして銀行に預けている分は、メガバンクの普通預金なら０・００１％、定期預金でも０・００２％です。

もちろん高めの預金金利を提示する金融機関もあり、ＳＢＩ新生銀行がメガバンクの２００倍の定期預金金利を提供するなどして、わずか1年で３兆円もの預金を集めたことはニュースになりましたが、２００倍といっても０・４％です。

「ほぼゼロ」よりはマシですが、インフレに転換した中で金融資産を増やさなければならないという現在の状況を考えると、これではとうてい足りません。

つまり、このことからわかるのは、**「金融資産を増やすためには運用利回りを十分に上げるしかなく、そのためには自助努力で資産運用に取り組むしかない」**ということなのです。

「元本保証で高利回り」な金融商品はない

資産運用に取り組むというのは、なかなか最初の一歩を踏み出すのが難しく、勇気がいることのようです。

私のセミナーに参加する方の中にも、「元本はできるだけ保証してほしい、そのうえで可能な限り高い利回りの商品がいい」という方が少なからずおられます。

ここで、みなさんに非常に大事なことをお伝えします。これは金融資産を増やすうえで重要なだけでなく、詐欺にひっかかって騙《だま》されないためにも絶対に知っておくべきポイントです。

それは、「リスクなしでリターンを得られる金融商品はない」「リスクが低ければ運用利回りも低い」「運用利回りを高めたいなら、高いリスクを取る必要がある」ということです。

図12は、金融商品の期待収益の構造を図示したものです。金融商品のリターンとリスクは原則として表裏の関係にあります。

図12　金融商品のリスクとリターンは、表裏の関係

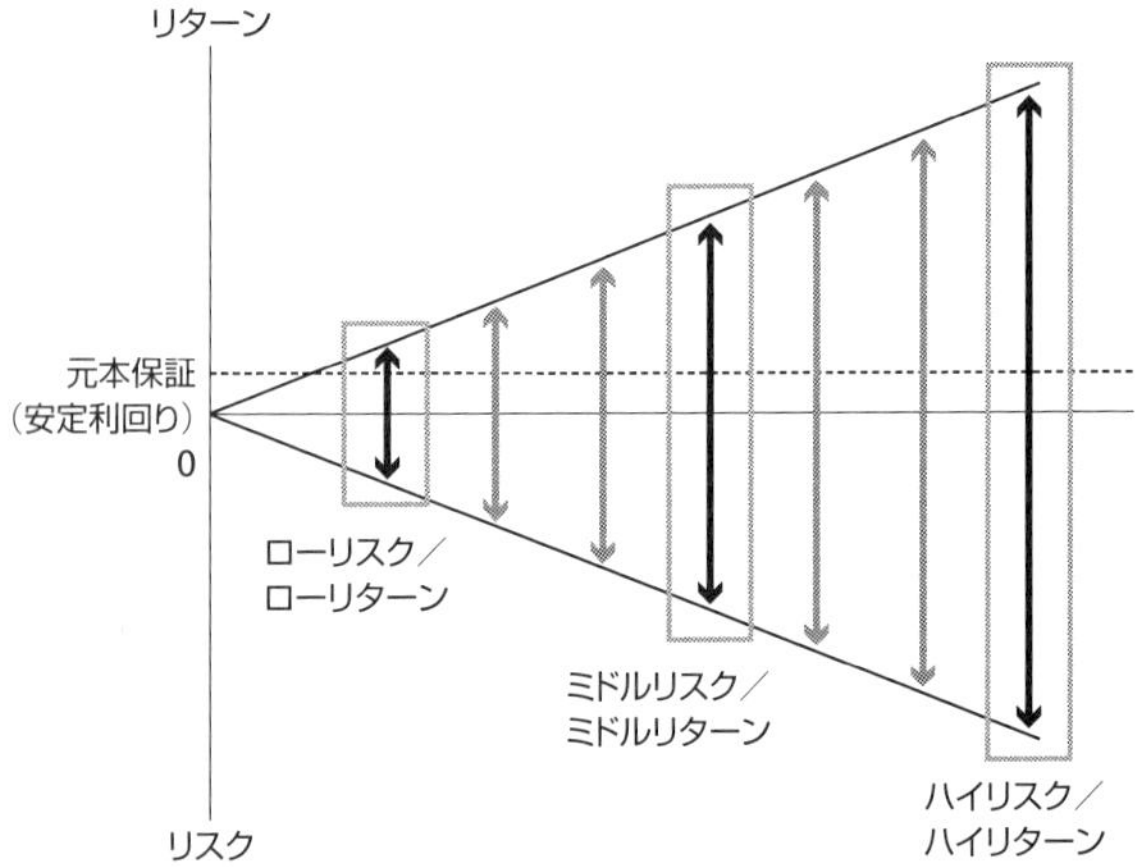

ですから、**「元本保証で、高利回りの金融商品があります」と勧誘されたら、それは間違いなく詐欺だ、**ということをみなさんには覚えておいていただければと思います。

より具体的にいえば、いまのような超低金利の時代にあって「元本保証で5％の利回りです」といった話には近づいてはいけないということです。

「5％くらいならありそう」と思うかもしれませんが、5％もの利回りが得られるならば相応のリスクがあるはずであり、元本保証はありえません。

運用利回りを上げ、「複利」で増やす

私は、これから自分の資産を守り増やしていくためには、ある程度のリスクを取って運用利回りを上げていく必要があると思っています。

ここでもう1つ、みなさんに必ず押さえておいていただきたいのが、運用利回りを上げることに加えて「複利で運用する」のが肝要だということです。

「複利」という言葉を聞いても、ピンとこない方も多いでしょう。

金融広報中央委員会の金融リテラシー調査によれば、日本では「複利」や「インフレの定義」について尋ねた設問の正答率が他国に比べて低く、「複利」の正答率は44%、「インフレの定義」の正答率は62%となっています（図13）。

「知らない人がそんなにいるんだから、自分が知らなくても仕方ないな」とホッとしたかもしれませんが、これらの意味を理解していないと、金融資産を守る方法も理解できないままになってしまいます。

図13　金融知識に関する設問の正答率

	日本	英国	ドイツ	フランス
複利	44%	52%	47%	54%
インフレの定義	62%	80%	87%	87%

出所：金融広報中央委員会「金融リテラシー調査」2019年

図14　「複利」の運用を長期で行うべき

100万円を金利5%（年）で30年間運用した場合の単利と複利の比較

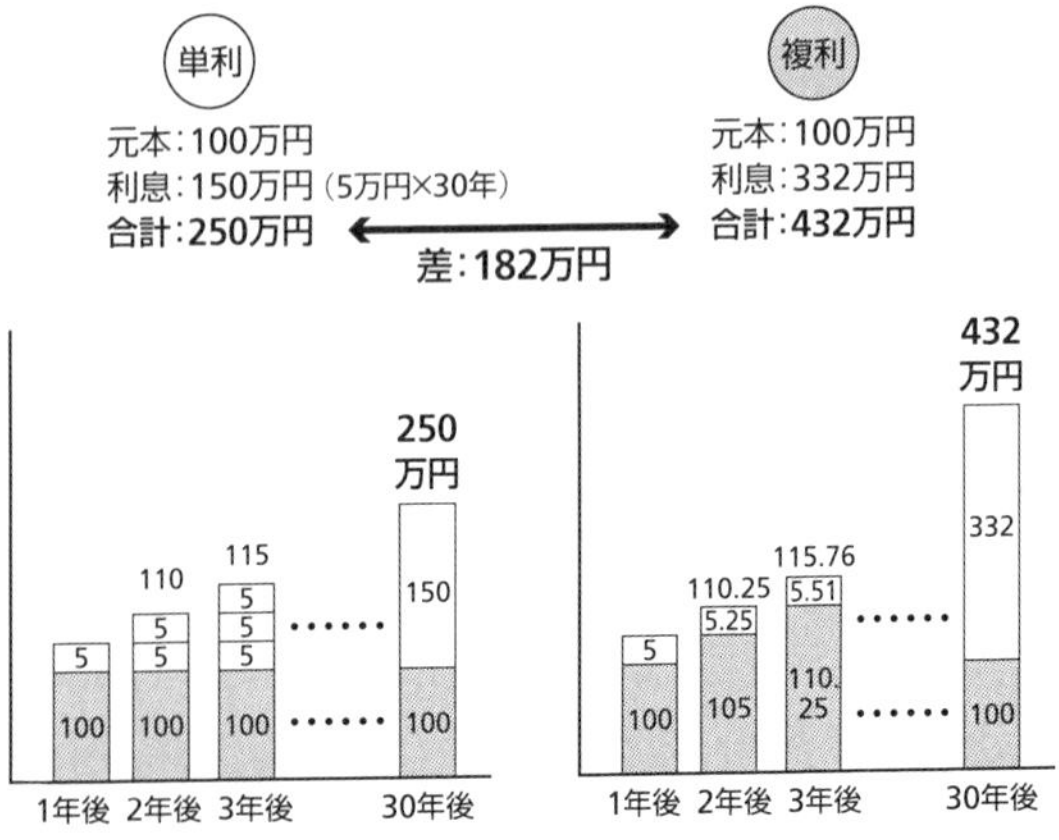

さほど難しい話ではありませんから、ここでしっかり「複利」の考え方を押さえておきましょう。

図14は、１００万円を金利５％で運用した場合の「単利」と「複利」を比較したグラフです。

「単利」というのは、元の元本に対してのみ金利をつける考え方です。

１００万円を単利で運用すると、金利５％なら毎年５万円の利息がつくことになります。仮に30年間運用すると、利息が１５０万円になり、金融資産は２５０万円に増えます。

一方「複利」というのは、元本に利息を加えた金額を、翌年の元本としていく考え方です。

たとえば１００万円を複利で運用すると、２年めの元本は１０５万円になります。これを５％で運用すると、翌年には利息が５万２５００円つき、３年めの元本は１１０万２５００円になります。

このように、元本に利息を加えながら〝雪だるま〟を作るように増やしていくと、30

年間運用した場合の利息は３３２万円となり、金融資産は４３２万円にまで増えます。

単利で運用した場合と複利で運用した場合の差額は、１８２万円にもなる計算です。

このように、**資産を雪だるま式に増やしていける「複利」の効果は、資産運用において絶大な威力を持ちます。**あのアインシュタインも、「複利は人類最大の発明」という言葉を残しているほどです。


これからみなさんが資産運用を行うにあたり、ここで学んだ「投資して増えた金額を元本に加えて、さらに運用していく」という複利の考え方は、より効率的な運用を行うための基礎となるのです。

「投資をしない理由」をつぶす

本書では、具体的に運用利回りを上げるための投資の方法をご紹介していきますが、「リスクを取って投資をするのは、どうしても抵抗がある」「できれば投資はしたくない」という方も少なからずいるかもしれません。

図15　日本人が投資をしない理由

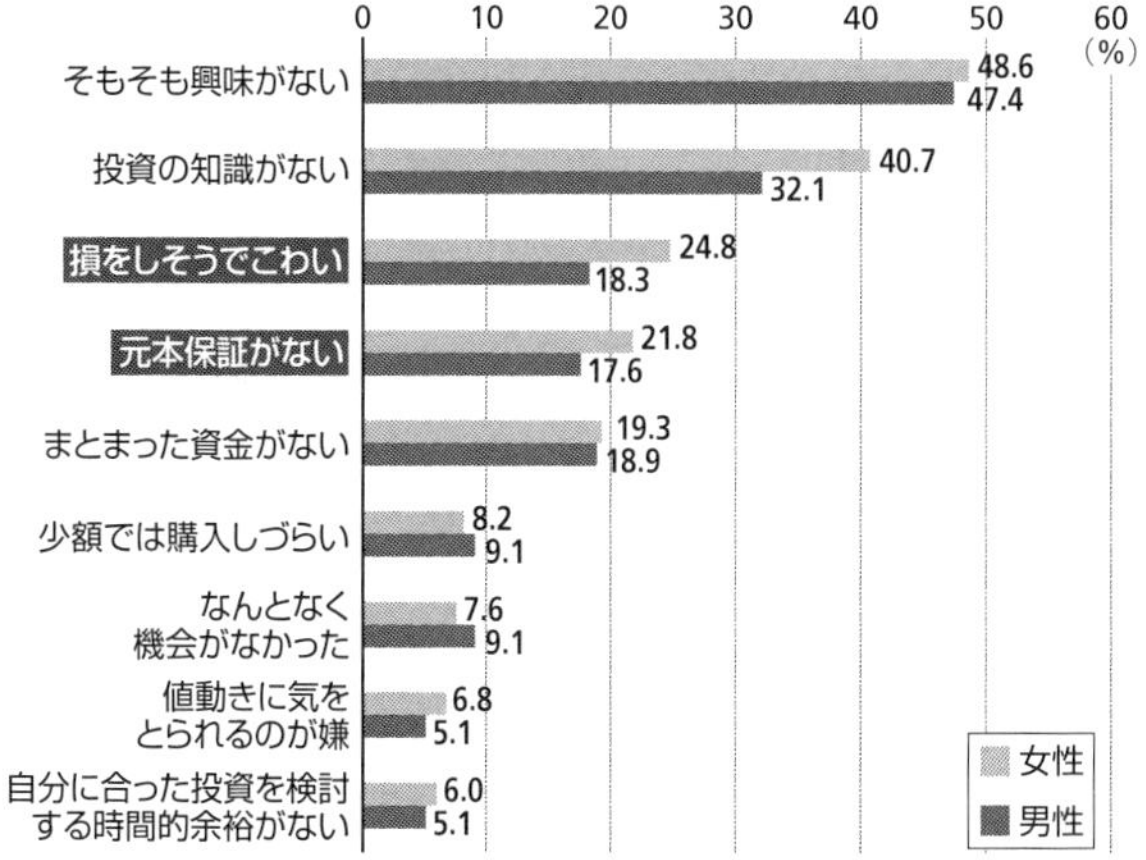

出所：投資信託協会「投資信託に関するアンケート調査」

ここで、代表的な「投資をしない理由」をつぶしてしまいましょう。

図15は、投資信託協会が調査した「投資をしない理由」の結果です。

1位になった回答は「そもそも興味がない」というものですが、ここまでお読みくださっただけでも、興味がないなどといっている場合ではないことは理解いただけていると思います。

インフレ時代に入ったいま、「興味がないからやらない」というのでは、資産を増やすことはおろか、守ることさえできません。

2位になった回答は「投資の知識がない」です。これは、本書を読み切っていただければ、必要な知識は十分に身につくはずです。具体的な投資の方法も細かくご紹介しますから、どうぞご安心ください。

3位には「損をしそうでこわい」がランクインしています。4位の「元本保証がない」というのも、損失が出て元本を毀損《きそん》するのが嫌だという意味では同じような理由だといえるでしょう。

たしかに、現預金と違って、値動きのある金融商品で運用すれば、損失が発生する可能性はあります。

しかし忘れてはならないのは、何度もしつこく申し上げているように、インフレ時代には、金融資産が現預金だけだとその価値が目減りしていくということです。

「投資せず、金融資産が現預金だけの場合のリスク」に目を向けなければなりません。

また、詳しくはじっくりご説明していきますが、元本をできるだけ毀損しないように、リスクを抑えながら安定的な資産形成を目指すことは十分に可能です。

そのような「投資の王道」といえるやり方を学んで実践すれば、「損をしそう」などと過度に恐れる必要はないのです。

ちなみに、私自身はいま57歳ですが、**金融資産のうち現預金は２割ほどしかありません。**残りはすべて投資に回しています。

「そんなに投資に回しているのか」とおどろく人が多いかもしれませんが、私は自分の金融資産を１００％現預金で持つようなことは、こわくてとてもできません。

私には、金融資産が現預金だけの場合のリスクがこれから高まっていくことが見えているからです。

第1章

50歳で「お金を増やす」とき、まず知っておくべきこと

FXは「投資」ではなく「投機」

序章でご説明したように、資産を守り増やすためには運用利回りを上げる必要があり、投資に取り組むことが必須です。

では、いざ投資するとなった場合、どのような金融商品が望ましいのでしょうか？

私が最初にみなさんにお伝えしたいのは、私なら「選ばない」金融商品です。ギャンブルのような金融商品や手数料ばかり高い金融商品はもちろん、人気はあっても私の目から見て、とてもうまくいくとは思えないもの、悪くはないけれど他の選択肢のほうがずっとよいと思えるものなど、率直にご説明していきたいと思います。

最初に「私なら選ばない金融商品」として挙げたいのは、ＦＸ（為替証拠金取引）です。

ＦＸは広告がたくさん出ていますし、為替相場の動きはニュースで知ることができるので、身近に感じて「やってみようか」と思う人も少なくないでしょう。

しかし、資産形成のツールとしてFXはまったく向きません。それは、FXが「投資」ではなく「投機」だからです。

ここでいう「投機」とは、「誰かが得をすれば、その裏で誰かが同じくらい損をする」取引のことです。

為替取引では、Aさんが円を売って米ドルを買うときは、反対に米ドルを売って円を買うBさんがいます。つまり、AさんとBさんのどちらかが儲かれば、一方は損をし、AさんとBさんの損益を足し合わせれば、ゼロとなるわけです。

このように「誰かの利益が誰かの損失になる」ものは、一般に「ゼロサム（合計がゼロ）」ゲームと呼ばれます。

AさんとBさんはお互いの見通しの違いに賭けているだけの話で、「勝つか、負けるか」の世界ですから、私はできれば遠慮したいと思います。

ちなみに「投機」は、参加者全体で見れば純粋な勝ち負けの世界ですが、参加者全体で見たときに負けが決まっているのが「ギャンブル」です。

たとえば競馬の場合、賭けに投じられたお金のうち、25％はいわゆる「寺銭《てらせん》（控除率）」として主催者であるＪＲＡ（日本中央競馬会）の取り分となります（実際には、うち15％。10％は税金として国庫に納める）。馬券を買った人たちに払い戻されるのは、集まったお金の75％にすぎません。

宝くじの場合はもっと条件が悪く、購入者に配分される割合は50％弱しかありません。「儲けが期待できる確率」という観点で分析すれば、ギャンブルは投機よりも確率が低いわけです。

競馬や宝くじのように「寺銭」があるギャンブルは、参加者が得る利益よりも損失のほうが大きいので「マイナスサム（合計がマイナス）」のゲームと呼ばれます。

もちろん、趣味で競馬や宝くじを楽しむのが悪いとは思いませんが、生活に影響のない範囲で「負ける確率が高いゲーム」としっかり理解したうえでやるべきでしょう。

私は、ギャンブルでお金を増やそうとしたことは当然ながら、ありません。

日本では投資をギャンブルのようなものだと考える人が少なくありませんが、実はきちんと仕組みを理解していれば、投資とギャンブルはまったく別物であることがわかります。

株式投資は、まさに「投資」です。

たとえば、みなさんがある企業の株式を買った場合、その企業は投資してもらったお金を元手に、さらなる成長を目指します。設備投資をしたり、新規事業を始めたり、海外の企業を買収したりするわけです。

このようにみなさんが投じたお金によって企業が利益を上げると、保有する株式に応じて配当を出すことができますし、企業価値が上がれば、株価も上昇します。

つまり投資した人は、企業の成長の果実として、配当をもらったり、株を売却して値上がり益を手にしたりできるわけです。

この仕組みからわかるように、**株式投資の場合、企業が成長すれば、投資した人たち全員がその果実を手にできます。**このように「プラスサム（合計がプラス）」であることが、投資の重要な本質です。

株式投資に限らず、長期的な成長やそこから上がる収益に期待して資金を投じる行動は、本来的な意味での「投資」であるといえるでしょう。

株式投資は「やり方」と「投資額」しだいだが……

では、株式投資が最適な方法なのでしょうか？

「投資をやるのであれば、王道はやはり株式投資だろう」と思っている人が多いかもしれませんが、50代で老後の資金を増やしたり守ったりするという目的では株式投資はおすすめしづらいのが正直なところで、私は選びません。

まず、株式投資というと、多くの人が思い浮かべるのは短期で売買する「デイトレード」ではないかと思います。

先ほど、株式投資こそ本来的な意味での「投資」であるとご説明しましたが、デイトレードについては投機的な面が強いといっていいでしょう。

というのも、企業の株を買っても、半日や1日で売却してしまえば、企業としてはその投じられた資金によって成長することが難しいからです。

投資対象企業の長期的な資産価値上昇には関心がなく、目先の株価が上がるか下がるかだけに注目し、いかにほかのトレーダーを出し抜いてサヤを取るかに汲々《きゅうきゅう》としながら頻繁に株式を売買するようなトレードは、呼び名は同じ「株式投資」でも、「投機」とみなすべきでしょう。

ですから、もし資産形成のために株式投資をするのであれば、伸びる会社を見極めて、長期でじっくり投資をすることが重要なのです。

しかし、たとえ長期投資で臨むとしても、老後の資金をつくる目的であれば、私はやはり株式投資は選びません。なぜなら、個別の株式への投資では十分なリスクの「分散」ができないからです。

たとえば、みなさんが１００万円を運用しようとした場合、よく知っている企業の株式を買おうとすれば、おそらく十数銘柄しか買うことができないでしょう。

多くの企業の株式は１００株などまとまった単位で購入することになるため、仮に株価が１０００円であれば、最低投資金額が10万円ということになってしまいます。

十数銘柄しか保有していない状態では、そのうちの1社でも株価が急落すれば、資産価値に大きなマイナスの影響を与えることになります。

有名な投資の格言に「卵は1つのかごに盛るな」という言葉がありますが、これは「複数のかごに卵を分けて盛っておけば、たとえそのうちの1つを落として卵が割れてしまっても、他の卵は無事にすむ」ということを意味します。**投資の世界では、リスクを抑えるために「いかに投資先を分散するか」が重要なカギを握る**のです。

株式投資をすると金融経済や企業経営への関心が高まる面もあり、知的好奇心を感じながら取り組むのにはよいと思います。

ですが、自分の持っている金額では十分なリスク分散ができないということであれば、資産づくりの中心に据えるのはやめ、趣味の範囲で楽しむほうがよいかもしれません。

外貨預金に魅力を感じない理由

値動きのある金融商品の中で、多くの人が始めやすいと感じるのは「外貨預金」かもしれません。投資について積極的に取り組んでこなかった人であっても、外貨預金くらいはやったことがあるというケースも多そうです。

外貨預金には、円以外の通貨を持って「通貨の分散」をはかるという効果があります。円預金だけを持っている状況と比べれば、外貨預金を始めるというのも悪い選択肢ではありません。

しかし、私が50代からの資産づくりや資産の保全のために外貨預金を選ぶかと尋ねられれば、答えはノーです。

まず、一般に銀行などで外貨預金をする場合、為替手数料が割高だという問題があります。円から外貨に換えるときに０・２５～０・５％程度、外貨から円に換えるときにはまた０・２５～０・５％程度もかかるのです。

円安への備えとして「円以外の通貨を持つ」という意味は見いだせるかもしれませんが、**せっかく外貨を保有するなら、余計な手数料をかけることなく、高い運用利回りを目指せる他の金融商品を利用したほうがよい**と思います。

ちなみに「預金」と聞くと安全性が高そうなイメージを持つかもしれませんが、外貨預金は「預金保険」制度の対象外です。外貨預金をしている銀行がつぶれてしまった場合、保証がないことも知っておくべきです。

「元手をかけずにマンション投資」にひそむワナ

「マンション投資」についても、ここで取り上げておきましょう。

広告がたくさん出ているのを見たり、あるいは営業を受ける機会があったりして、「不動産投資なら自分にもできるかもしれない」と考えたことはないでしょうか？

不動産を所有して賃料を得るというのは、形のある物を自分の名義にできる安心感や「だまっていても定期的にお金が入る楽なやり方」といったイメージがあるのかもしれません。

それこそ、「賃料収入があれば、老後に年金の足しにできるのではないか」と考える人もいそうです。

そこで「元手がなくても頭金ゼロで銀行がお金を貸してくれる」と聞けば、「試しにやってみよう」と本気になる人もいるでしょう。

しかし、これだけ頻繁に広告を目にするにもかかわらず、私の身近にはマンション投資経験者がいません。**金融商品に詳しい私の周辺の人たちの中に「マンション投資で儲かった」という人がいないのは、それなりに理由がある**と考えています。

マンション投資でよく聞くのは、「頭金ゼロでも銀行からお金が借りられます」「借りたお金でマンションを買えば、賃借人探しや物件の管理はすべて業者がやります」「毎月15万円の賃料収入が得られます。毎月10万円ずつローンを返済すれば、残りが収入になります」といったセールストークです。

これを真に受けると、「そんなおいしい話があるのか」と感じるのも無理はないかもしれません。

しかし、このようなセールストークに乗せられてマンション投資を始めれば、高い確率で痛い目を見ることになるでしょう。

マンションの維持にかかる固定資産税や修繕積立金などが見積もられていなかったり、マンションに不具合が出れば、そのたびに修理費用がかかったりするというのはよくある話です。

また、これから10年、20年と賃貸していく間、ずっと借り手がいて、家賃収入が入り続けると考えるのは甘いかもしれません。

日本では2011年以降、一貫して人口減少が続いている一方、マンションの大量供給が続いており、各地では空き家問題も噴出しています。借り手がつかなくなれば、ローンの返済だけが重くのしかかることになりかねません。

もちろん不動産投資も、よい物件を見抜く力や不動産管理の知識などを持ち、人任せにせずに真剣に取り組めば、リターンを上げることは可能かもしれません。

しかし「片手間にできそう」といったイメージで安易に手を出すのは、まったくおすすめできません。私自身は、マンション投資に手を出すつもりはありません。

「保険で運用」はやめ、保険加入は最低限に

「私が選ばない金融商品」として最後に取り上げておきたいのは「生命保険」です。

みなさんはどんな保険に加入し、どれくらい保険料を払っているでしょうか？

図16は、生命保険文化センターが調査した、１世帯が年間で払い込む保険料を表にまとめたものです。


２０２１年のデータでは、50代だと年間およそ43万円もの保険料を払っていることがわかります。１カ月に均《なら》すと、約３万５０００円です。

もちろん、保険の中には必要なものもあります。

図16　世帯主年齢別・年間で払い込む保険料

	2021年
全体	37.1万円
29歳以下	21.5万円
30～34歳	26.2万円
35～39歳	38.2万円
40～44歳	34.8万円
45～49歳	37.5万円
50～54歳	43.2万円
55～59歳	43.6万円
60～64歳	38.4万円
65～69歳	43.6万円
70～74歳	33.7万円
75～79歳	31.4万円
80～84歳	28.6万円
85～89歳	35.8万円
90歳以上	25.6万円

出所：公益財団法人　生命保険文化センター
「2021（令和3）年度　生命保険に関する全国実態調査」
より作成

保険というのは「万が一」への備えとして加入するものです。もう少し具体的にいうと、「万が一のことが起きてしまったとき、保険金を受け取れないと困難な状況に陥る」場合に力を発揮するのが保険です。

損害保険の場合は、たとえば自動車事故で人命を奪ってしまったり人に怪我を負わせてしまった場合や、物を破損してしまった場合などに多額の補償が必要になれば、とても自分の金融資産でまかなえないというケースが多いでしょう。だからこそ、自動車保険は必ず加入すべきだといわれるわけです。

火災保険も、自分の生活の基盤である住居が火災などに見舞われれば、生活の再建が容易でないことは想像がつきやすいと思います。これも加入しておくべき保険といっていいと思います。

では生命保険の場合、「保険金がないと困難な状況に陥る」のはどんなケースでしょうか？

まだ子どもが小さい家庭の場合、家族の生活を支える働き手が亡くなれば、生活に困ることが考えられます。このような場合、働き手が亡くなったときに何千万円かの保険金を受け取れるような死亡保険に加入しておくのは、合理的です。

これは必要な保険だと考えていいでしょう。

しかしこのように考えると、50代の人は生命保険の必要性が低いことがわかります。一般に、必要な死亡保障額が最も大きくなるのは「子どもが生まれた瞬間」です。子どもが育っていけば、万が一自分が亡くなったとしても、その後に必要な「まとまったお金」は徐々に減っていくからです。

50代ともなれば、子どもの学費のめども立っているケースが多いでしょうから、もう死亡保障が要らない人もたくさんいるのではないでしょうか。

加入しておくとしても、何千万円もの保険金を受け取る契約である必要はありませんから、「いま万が一のことがあったとして、いくら必要か」を冷静に考えて保険を見直すことをおすすめします。

生命保険商品で、加入している人が多いのが医療保険です。しかし50代である程度の貯蓄を持っている人であれば、医療保険は不要なケースが多いでしょう。

医療保険の主な保障は、入院したときの給付金です。「入院すれば1日6000円」といった保障があると何となく安心できる気がするかもしれませんが、仮に1カ月入院したとして、受け取れるのは18万円にすぎません。

ちなみに厚生労働省の2020年の患者調査によれば、病院の平均在院日数は約33日です。

さらにいえば、近年は入院日数が短期化する傾向が続いていますし、この平均在院日数には高齢者の方も含まれていますから、いま50代の方が30日も入院するケースは少ないと考えられます。

このくらいの金額なら、いまある貯蓄で十分に賄えるという人は多いはずです。

改めて考えてみて、「保険金を受け取れないと困難な状況に陥る」わけではないなら、毎月、高い保険料を支払い続けるべきではありません。

ちなみに、私自身は死亡保険にも医療保険にも加入していません。必要がないからです。

もっと必要性が低いのは、貯蓄性のある保険や「運用もできる」という保険です。

「お金が貯まります」という保険は、途中で解約すると元本割れするもの、満期まで保有しても運用利回りが低く、魅力が薄いものばかりです。

「運用できる」という保険には外貨建て保険などがありますが、これも加入して10年以上にもわたって「解約すれば、元本割れ」という状況が続くのが一般的です。

なぜこのようなことになるのかというと、加入時に負担する手数料が高く、実際に運用に回る分が少なくなってしまうからです。

「それでもプロが運用してくれるなら……」と思うかもしれませんが、残念ながら、外貨建て保険で魅力的な運用を行っている商品はありません。

高い手数料を払ってまで、わざわざ運用してもらう意味がまったくないので、私は外貨建て保険は絶対に選びません。

これはよくいわれることですが、**そもそも「貯蓄・運用」と「保険」は分けて考えるべきなのです。**

保険とは、保険料というコストを支払って「万が一」に備えるためのものです。「万が一」に備える必要がある場面でのみ、コストを抑えて加入し、不要になったらやめるのが最も合理的です。

おそらく、このような考えに基づいて保険を見直せば、50代の方が1カ月に3万５０００円も生命保険料にあてる必要はないはずです。

ぜひ保険を見直し、浮いた保険料は、この後ご紹介する方法で運用に回しましょう。

「貯蓄から投資へ」「貯蓄から資産形成へ」といった掛け声を聞くようになって久しいですが、**私は、保険好きといわれる日本人は「保険から投資へ」「保険から資産形成へ」の流れも加速させるべき**だと思っています。

「安定的に資産を守り、増やす」ことを目指すなら、「投資信託」がいい

ここまでは、「私なら選ばない金融商品」をご紹介してきました。

ここからは、運用利回りを上げて安定的に資産を守り、増やすための最適な金融商品、「投資信託」についてご説明していきたいと思います。

最初にお伝えしておきますが、もちろん私自身も、自分の資産形成に投資信託を活用しています。**心から「これがベスト」といえる金融商品が、投資信託**です。

投資信託（投信）とは、たくさんの個人投資家から集めた資金を、プロが金融市場で運用してくれる商品です。「ファンド」と呼ぶこともあります。

投信の最も大きな魅力は、少ない金額からでも購入可能で、世界中のさまざまな資産に分散して投資できる点でしょう。

先ほど株式投資についてご説明した際、限られた投資額では十数銘柄しか買えず、リスク分散ができないということをご説明しました。

この点、投信は小口の資金をプロがまとめて運用してくれるので、少額からでも幅広い銘柄に分散投資することができるのです。

自分で個別の株式に投資する場合、投資先企業がつぶれて株式が紙くず同然になり、投資したお金がすべてなくなってしまうことも考えられます。この点、投信はたくさんの銘柄を組み入れているので、価値がゼロになるということは起こりえません。

「少額から買える」という点について、「いくらから買えるか」は投信を購入する金融機関によって異なりますが、ネット証券では100円からでも投信を買えるようになっています。

たった100円でも世界中の資産に幅広く投資できるのが、投信という商品の魅力であり、面白さだと思います。

多くの投信は、証券会社や銀行で買うことができます。投信を運用する「運用会社」が、いわば投信のメーカーで、証券会社や銀行はメーカーが作った商品を売る販売の窓口（販売会社）ということになるでしょう。

投信はどこでも何でも買えるわけではなく、販売会社によって取り扱う投信のラインナップは異なります。自分が投資したい投信を取り扱っている販売会社で口座を開設する必要があることに注意してください。

ちなみに、投信に関わる機関として、「運用会社（委託会社）」と「販売会社」のほかに「信託銀行（受託会社）」もあります。

信託銀行の役割は、投資家の資金を預かり、運用会社の指示に従って売買を実行することです。

販売会社や運用会社とは別の会社が管理を行うことにより、投資家の資産が安全に守られています。つまり、運用会社や販売会社が万が一破綻《はたん》するようなことがあっても、投信で運用している資産には影響がないのです。

さて、投信は投資家から集めた資金を運用会社が運用するので、その運用の結果によって、日々資産の総額が変わります。

この資産の総額を「純資産総額」といい、その投信の規模を見る指標となります。

投資信託を売買する際の基本的な単位は「口《くち》」で、純資産総額を口数で割ったものが、その投信の「基準価額」です。

自分が購入したときよりも1口あたりの基準価額が上がれば、売却することで値上がり益を手にすることができます。

このほか、月1回〜年1回行われる決算の際、投信によっては「分配金」が出ることもあります。

「信託報酬がいかに低いか」をチェック!

投信で資産を運用していくうえで必ず知っておきたいのが、コストのことです。

多くの人は、金融商品を選ぶ際に「どれくらい儲かるの?」ということばかりに目が向きがちです。投資経験者であっても、「コストのことなんか考えたことがない」という人も少なくありません。

しかし、コストが高い商品を選んでしまうと、気づかない間に運用成績に大きな悪影響を及ぼすことになります。投信選びにおいて、コストは最重要ポイントの1つといってもいいでしょう。

投信にかかる主なコストとして押さえておくべきなのは、「販売手数料(購入時手数料）」と「信託報酬（運用管理費用）」の2つです。

販売手数料とは、その名前のとおり、投信を購入する際に販売会社に支払う手数料のこと。同じ投信でも、販売会社によって販売手数料が異なることもあるので注意が必要です。

販売手数料は1〜3％程度ですが、中には販売手数料が無料の「ノーロード」と呼ばれるものもあります。ちなみに私は、ノーロードの投信しか選びません。

信託報酬というのは、運用会社、販売会社、受託会社（信託銀行）に対して、資産の運用や管理などを行ってもらうことへの報酬として支払う手数料です。**販売手数料は購入時に一度支払うだけですが、信託報酬は運用期間中、ずっと資産から差し引かれていきます。**毎年かかり続けるわけですから、長期の運用成績に与える影響が非常に大きいコストといえます。

私は、投信を選ぶ際に「信託報酬がいかに低いか」を重視しています。

投資信託の「中身」を知る

投信を活用すると、世界のさまざまな国や企業に投資することができます。その「中身」はさまざまですが、投信が投資対象とする資産として、ここでは株式のほかに「債券」について押さえておきましょう。

「債券って何？」という方もいると思いますが、その仕組みはごくシンプルです。

債券とは、国や企業が投資家から資金を調達するために発行する有価証券で、国が発行するのは「国債」、企業が発行するものは「社債」といいます。

債券を買うと、決められた利率で金利を受け取ることができ、満期が来れば、元本が戻ってきます。つまり債券を買う人が「お金を貸して金利を受け取り、満期に貸したお金を返してもらう」と考えるとわかりやすいでしょう。

債券は、市場で取引されており、価格が変動します。

図17をご覧ください。

たとえばある企業が、額面１００円で利率３％の社債を売り出したとします。１００

図17　債券価格と金利の関係

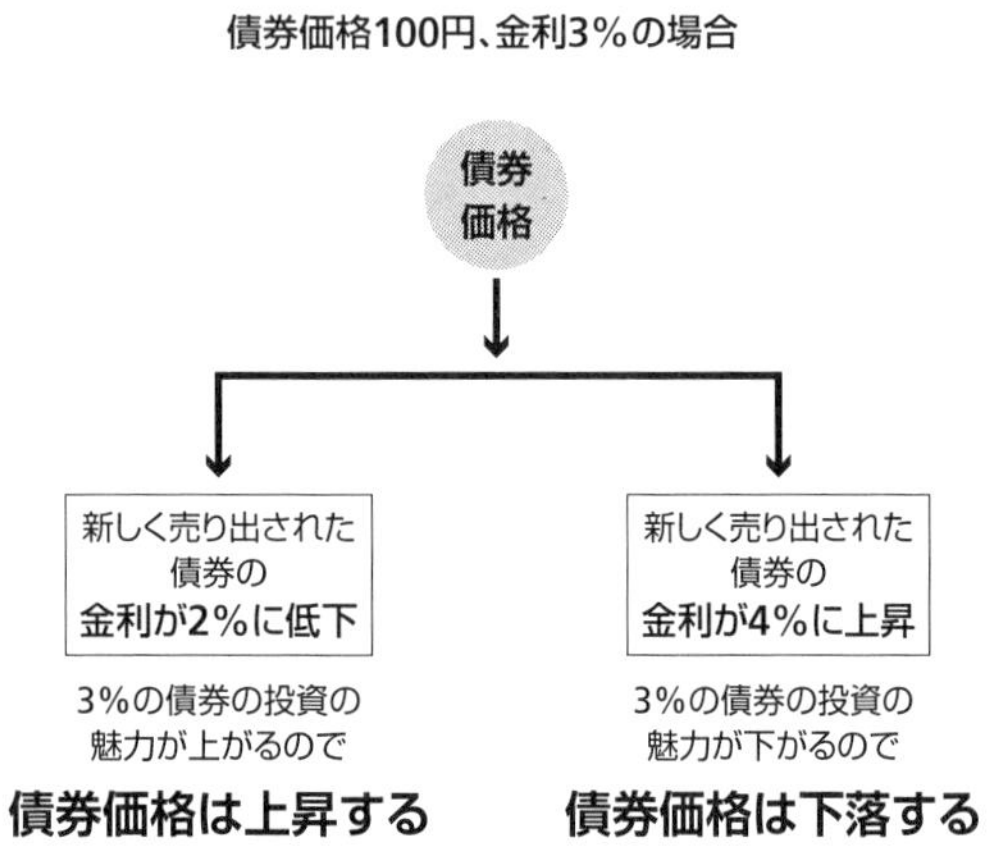

円で買った人がずっとそれを持っていれば、満期まで毎年3円もらえるわけです。

しばらくして、世の中の金利が上昇し始めたとします。新しく売り出された債券の利率が4%だった場合、先に利率3%で販売された社債の価格はどうなるでしょうか？　利率3%の社債より利率4%の社債のほうが魅力的です。

つまり、利率3%の社債は魅力が下がって売られ、価格が下がることになります。

逆に、世の中の金利が低下したらどうなるでしょうか。新しく売り出された債券の利率が２％だった場合、利率３％の社債のほうが魅力的ですから魅力が上がって買われ、価格が上がることになるわけです。

この仕組みからわかるように、**一般に債券の価格は「金利上昇局面で下がり、金利が低下すると上がる」**ことになります。

金利と債券価格の関係は、一度理解してしまえばシンプルな話なのですが、意外に知らない人が多いようです。金利の動向によって債券価格がどう動くかを知っておくと、経済関係のニュースも「ああ、そういうことか」と腑《ふ》に落ちやすくなります。せっかくですから、ここでしっかり押さえておいてください。

債券は、発行した国や企業が金利の支払いと元本の返済を約束している有価証券です。株式と比べるとリターンが予測しやすく、その確実性も高い分、リスク・リターンともに株式より低いのが特長です。

このほか、投信の中身によく入っているものに「ＲＥＩＴ《リート》」があります。

ＲＥＩＴは「不動産投資信託」のことで、投資家から集めた資金でオフィスビルや商業施設など複数の不動産を買って運用し、賃貸収入や売買益を投資家に分配する商品です。

世界に分散投資をするという場合、主な投資対象としては「国内株式」「先進国株式」「新興国株式」、「国内債券」「先進国債券」「新興国債券」、「国内ＲＥＩＴ」「海外ＲＥＩＴ」などが考えられるわけです。

こうしたさまざまな資産に自分で直接投資するのが難しいことは、容易に想像がつくでしょう。

海外の株式や債券に投資するのは情報収集などの面でハードルが高いのはもちろん、新興国市場の中には、日本からは個別の株を買えないところもあります。

また、世界中に投資する際は地域や資産クラス（資産の種類）を分散し、多くの銘柄を保有することが大切なポイントになります。

投信の「合同運用」する仕組みを活用すれば、国内の株式だけでなく、先進国株式、新興国株式、国内債券、先進国債券、新興国債券、国内ＲＥＩＴ、海外ＲＥＩＴなどに少額から投資することができるわけですから、これほど資産運用に向くツールはないといってもいいのです。

50代で選ぶべき投信は「インデックスファンド」

投信は、運用方法に着目すると「インデックスファンド」と「アクティブファンド」の２つに分類できます。この分類は、投信を選ぶうえで非常に重要なポイントです。

インデックスファンドとは、ＴＯＰＩＸ（東証株価指数）や日経平均株価といった指数（インデックス）に値動きが連動するように運用し、市場平均並みの投資収益を目標とする投信です。「パッシブファンド」と呼ばれることもあります。

ちなみにＴＯＰＩＸとは「Tokyo Stock Price Index」の略で、東京証券取引所に上場する銘柄を対象として公表されている株価指数のことです。日経平均株価は、日本経済新聞社が東証プライム市場から選んだ２２５銘柄で構成される平均株価のことです。

たとえばＴＯＰＩＸに連動するタイプの国内株式ファンドなら、ＴＯＰＩＸを構成する約２０００銘柄に投資するようなものだとイメージしてください。インデックスファンドを買うのは「市場全体」を保有することにほかならず、幅広く、分散投資できるのが特徴の１つといえます。

一般に、インデックスファンドはプログラムされたシステムによって運用されるため、運用会社やファンドマネジャーによって運用成績が左右されることは、ほとんどありません。

つまり、「同じ指数に連動する商品なら、運用成績は同じ」だと考えて差し支えありません。

インデックスファンドは、組み入れ銘柄の選定のための調査などに手間をかける必要がありません。このため運用にかかるコストが低く、信託報酬が低い商品が多いのも特徴の１つです。

運用には差がないので、インデックスファンドの商品選びでは、信託報酬がいかに低いかがポイントになります。

一方、アクティブファンドとは、市場平均を上回る運用成績を目指し、投資する銘柄を選別して運用されるものをいいます。

ファンドマネジャーが組み入れ銘柄を選ぶので、運用成績は運用方針やファンドマネジャーの手腕しだいで大きく変わります。このため、商品によって運用成績には大きな差がつきます。

アクティブファンドを選ぶ場合は、コストだけでなく、ファンドの運用方針や過去の運用成績などをさまざまな観点から細かくチェックする必要があります。

また、アクティブファンドはインデックスファンドに比べて組み入れ銘柄が少ない傾向にあり、数十銘柄程度の銘柄数で運用される場合もあります。

銘柄数が少ない集中投資では、「値上がりするときは値上がり率も高いが、下がるときは大きく下落する」、つまりハイリスク・ハイリターンの運用になりやすいのも知っておきたいポイントです。

さて、インデックスファンドとアクティブファンド、50代のみなさんが運用するならどちらを選ぶべきでしょうか？

多くの方は、「運用のプロであるファンドマネジャーが、より高いパフォーマンスを目指して運用してくれるなら、アクティブファンドのほうが儲かりそうだな」と思うのではないかと思います。

しかし残念ながら、プロが運用するからといって、高いリターンが期待できるとは限りません。

図18をご覧ください。これは、日本株で運用されているアクティブファンドについて、TOPIXを上回る運用成績を上げたものがどれくらいあったかを調べたデータです。

毎年のデータを見ると、過去20年間でアクティブファンドの半数以上がTOPIXを

図18　日本株・アクティブファンドの勝率

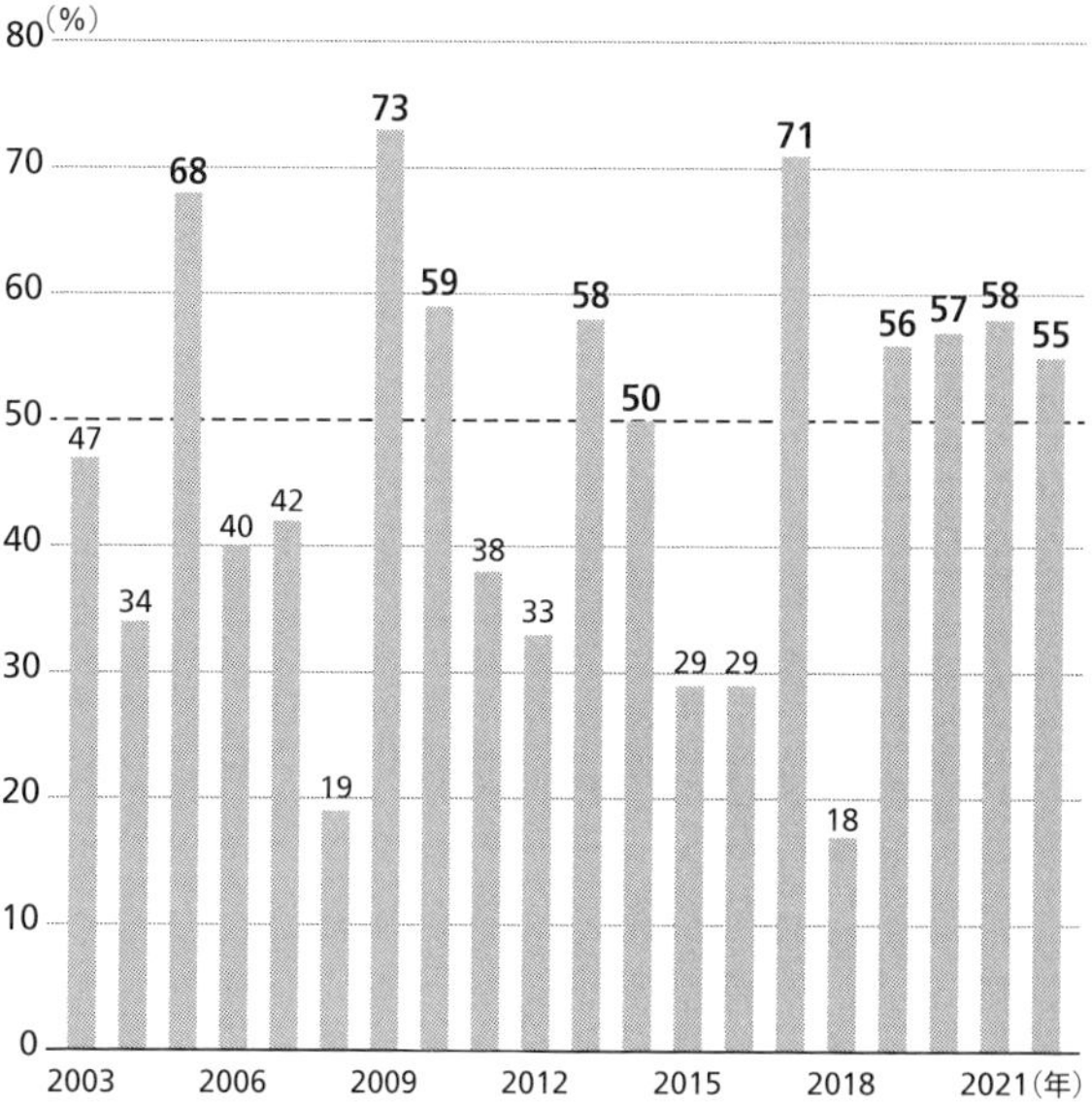

※国内公募追加型株式投信(確定拠出年金及びファンドラップ専用ファンド含む)
※2022年11月末時点でウエルスアドバイザーカテゴリー「大型グロース」「大型ブレンド」「大型バリュー」に属するアクティブファンド
※ベンチマークは「TOPIX(配当込み)」
※期間:2003年〜2022年(年次、2022年のみ11月末時点)

アクティブファンドの半数以上がTOPIXを上回ったのは、過去20年で半分

上回った年は、半分だけだったことがわかります。

もちろん、アクティブファンドの中には、高い運用成績を上げ続けているものもあります。しかしアクティブファンドの多くがインデックスファンドを下回る運用しかできていない現状では、運用成績のよいアクティブファンドを選び出すのは、かなりの手間がかかります。


さらにいえば、アクティブファンドは運用会社の方針が変わったり、ファンドマネジャーが別の人になったりするケースもあります。

一度、これまでの実績に基づいて「このアクティブファンドは運用成績がよい」と判断したとしても、その優れた運用が継続されるとは限らないのです。このため、アクティブファンドを選んだ場合、自分が期待する運用が継続されているかどうかを、保有している間、ずっとウオッチし続ける手間もかけなければなりません。

私は、まだまだ現役世代で仕事が忙しい50代の方には、アクティブファンドによる資産運用は向かないと思います。

インデックスファンドには、**「コストを抑えた運用ができる」「市場全体を保有するので多くの銘柄に分散投資できる」「優秀なアクティブファンドを探す手間と時間を省ける」**というメリットがありますし、特にこれから投資を始めるという方であれば、シンプルでわかりやすい点も魅力的だと思います。

もちろん私自身、資産運用の中心はインデックスファンドです。次章からは、インデックスファンドこそ50代の運用にふさわしいと考え、インデックスファンドの活用方法について具体的に解説していきたいと思います。

第2章　いまからでも遅くない！ 50代にとって「投信」が最強なワケ

「リスクがある」とは「価格のブレがある」ということ

本章では、投信を使ってどのように運用利回りを上げていけばよいのか、具体的な方法をご紹介していきます。

「いい投信を買うだけではダメなの？」と思った方もいるかもしれませんが、**実は資産運用においては「『何を』買うか」と同じか、あるいはそれ以上に、「『どのように』買うか」が重要**なのです。

「どのように買えばよいか」を正しく理解できれば、リスクを抑えて運用利回りを高めていくことが可能になりますし、何よりも「投資はこわがる必要がないものだ」ということもわかります。

心穏やかに資産づくりを進めていくという意味でも、「どのように買うべきか」は詳しく知っておいたほうがよいのです。

さて、「リスクを抑えて運用利回りを高める」と書きましたが、みなさんは「リスク」の意味をご存じでしょうか？

リスクという言葉は、一般に「危険性」という意味で使われることが多いのですが、投資の世界では「リスクがある＝危ない」という意味ではないことを、まず押さえてください。

では「リスクがある」「リスクが高い」などという場合に、それが何を示すのかといえば、「価格のブレ」のことを指します。

「リスクがある」とは「価格のブレがある」ということですし、値動きのある商品の中でも価格のブレが大きいものは「リスクが高い」、価格のブレが小さいものは「リスクが低い」といいます。

ここで図19をご覧ください。これは2002年12月から2022年12月までの20年間のデータをもとに、「各月末時点でそれぞれの資産のインデックスに投資し、1年間保有した場合の最大上昇率と最大下落率」を示したものです。

たとえば、過去20年間のうち最善のタイミングでTOPIXに連動するインデックス

図19　1年間の「投資収益幅」の比較

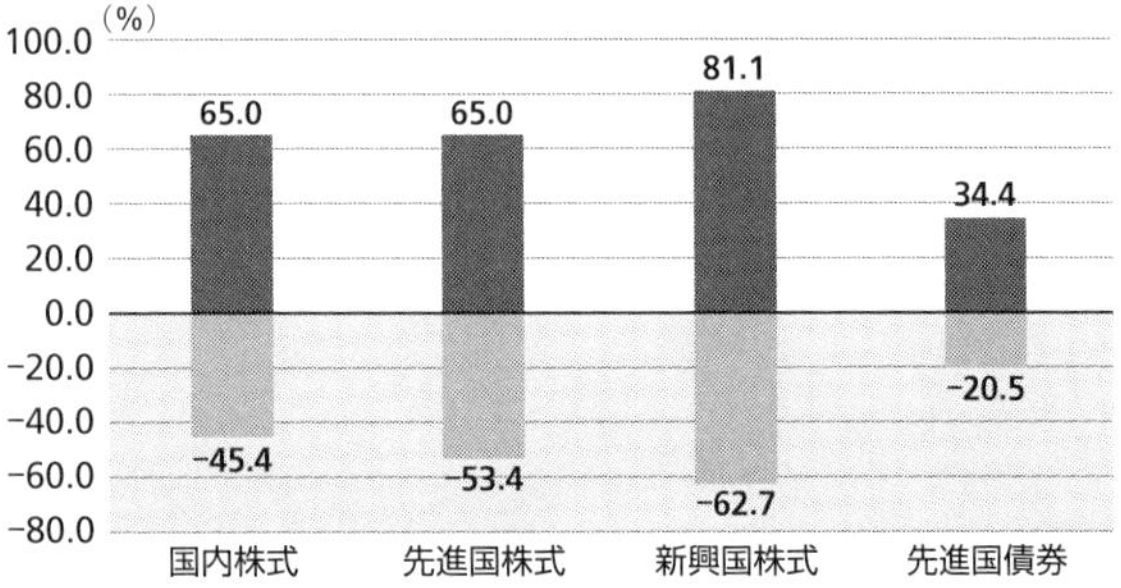

※国内株式＝TOPIX（配当込み）、先進国株式＝MSCIコクサイ・インデックス（配当込み、円ベース）、新興国株式＝MSCIエマージング・マーケット・インデックス（配当込み、円ベース）、先進国債券＝FTSE世界国債インデックス（除く日本、円ベース）

※円ベースのインデックス値は、各インデックスのドルベースの月末値×TTM（三菱UFJ銀行の月末値）で計算

※データ参照期間：2002年12月〜2022年12月（月次）

「リスクがある」=「価格のブレがある」ということ

ファンドに投資したAさんは、1年間で65・0％の利益を上げることができました。

しかし、最悪のタイミングで同じTOPIX連動インデックスファンドに投資したBさんは、1年でマイナス45・4％の損失を被《こうむ》ったわけです。

この場合、「過去のデータから推測すると、最悪の場合は1年間で最大45・4％下落することが考えられ、最善の場合は1年間で最大65・0％上昇することが考えられる」というのが、「リスク」の正しい認識だということになります。

いかがでしょう、このグラフを見ていると「リスク＝価格のブレ」という意味がイメージとして頭に入ってきませんか？

図19では、先進国株式、新興国株式、先進国債券についても同様のグラフを示しています。これを見ると、新興国株式は国内株式や先進国株式と比べると価格のブレが大きく、相対的にはハイリスク・ハイリターンということがわかるでしょう。

また、前章で「債券は株式よりリスク・リターンが低い」とご説明しましたが、この図で先進国債券のグラフを見ると、そのこともよくわかるでしょう。

そして序章でもご説明しましたが、このグラフからは「リスクとリターンが表裏一体の関係にある」ということも見て取れます。

資産運用においては、ローリスクの商品を選ぶなら期待できるリターンも低くなりますし、ハイリターンを期待するなら高いリスクを取らなくてはならないと考えるのが原則なのです。

リスクを抑える投資法がある！

さて、これから長くじっくり資産を育てていくとなると、できれば「リスク＝価格のブレ」を抑えて、安定的に運用したいところです。

そのために重要なのが、「長期投資」と「分散投資」です。

まず、長期投資の効果について見てみましょう。

図20は、投資開始時期によって1年、５年、10年の運用パフォーマンスがどう変化したかを示したものです。

先ほども確認したように、２００２年12月から２０２２年12月までの20年間を対象に、国内株式（ＴＯＰＩＸ）の価格のブレを見ると、「最悪の場合は1年間で最大45・４％下落することが考えられ、最善の場合は1年間で最大65・０％上昇する」という結果になったのでしたね。

そして図20には、同じタイミングで投資して「５年間運用した場合」と「10年間運用

図20　長期投資で「リスク」を下げる

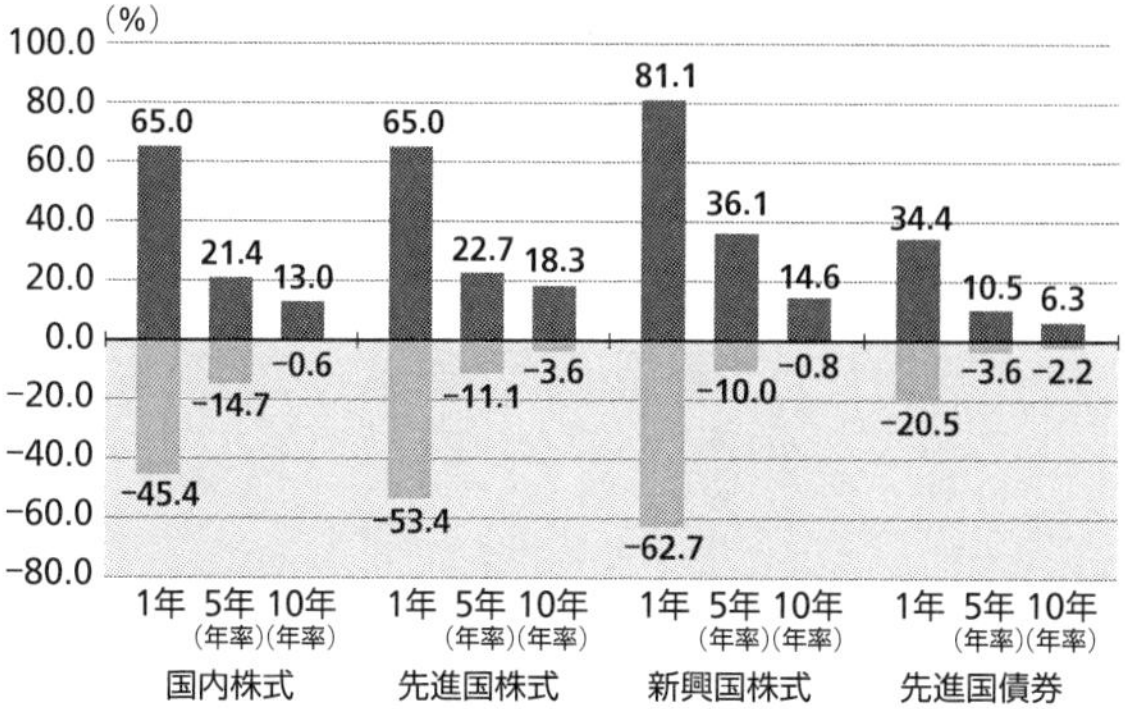

※国内株式＝TOPIX（配当込み）、先進国株式＝MSCIコクサイ・インデックス（配当込み、円ベース）、新興国株式＝MSCIエマージング・マーケット・インデックス（配当込み、円ベース）、先進国債券＝FTSE世界国債インデックス（除く日本、円ベース）
※円ベースのインデックス値は、各インデックスのドルベースの月末値×TTM（三菱UFJ銀行の月末値）で計算
※データ参照期間：2002年12月～2022年12月（月次）

した場合」の価格のブレも示しています。

グラフからわかるように、このタイミングでＴＯＰＩＸのインデックスファンドに投資したとすると、運用期間５年では「最悪の場合は年率で最大14・７％下落することが考えられ、最善の場合は年率で最大21・４％上昇する」という結果になっています。

運用期間１年間の場合と比べると、「リスク＝価格のブレ」がぐっと小さくなっていることがわかるでしょう。

さらに**運用期間10年では、「最悪の場合は年率で最大０・６％下落するこ**

とが考えられ、最善の場合は年率で最大13・0％上昇する」という結果になっています。

これは先進国株式、新興国株式、先進国債券についても同様で、過去のデータからは、「運用期間が長ければ長いほど、リスクが抑えられる」ことが読み取れます。

また、これらの資産を10年以上保有した場合、高い確率でプラスのリターンを得られそうなこともおわかりいただけるでしょう。

投資期間は長ければ長いほどいい

もう1つ、面白いデータをご紹介しましょう。図21をご覧ください。

このグラフは、１９２８年から２０２２年までの期間を対象に、Ｓ＆Ｐ５００というアメリカ株の代表的な株価指数について、「投資してプラスになる確率」を投資期間ごとに示したものです。

この95年分のデータが何を示しているのか、一緒に見ていきましょう。

キリスト教の100聖人
人名でわかる歴史と教え

島田裕巳

バレンタインもサンタクロースも、フランシスコ・ザビエルも聖人だった！　キリスト教では、信者の悩みを解決する存在として聖人がいる。本書は聖人たちを、イエスの家族と関係者、12人の弟子、福音書の作者、殉教者、布教に尽力した者、有力な神学者や修道士など8パートに分けて列伝化。100人がキリスト教の歴史だけでなく教養や宗派の秘密まで教えてくれる。

●1056円

森保一の決める技法
サッカー日本代表監督の仕事論

二宮清純

鮮やかな結果を出すリーダーは、戦いの前にどんな準備をしているのか？「僕は単なる決める係」と語る森保一は、個性豊かな選手をまとめ上げ歴史的快挙を成し遂げた。「非カリスマ型」として注目を集めるリーダーシップを支えるのは、選手時代から培われた「決断の速さ」だ。森保を長年取材し、挫折も苦労も見極めてきたジャーナリストが、その秘密に迫る。

●1056円

タイパの経済学

廣瀬　涼

Z世代を中心に、コスパならぬ「タイパ」（時間対効果）の追求が当たり前となった。時短とは異なり、「限られた時間でより多く」「手間をかけずに観た（経験した）状態になりたい」という欲求が特徴で、モノやコンテンツをコミュニケーションの〝きっかけ〟〝手段〟ととらえているという。その背景には何があるのか？　一見不合理なタイパ追求の現実に迫る！

●1056円

図21　米国S&P500の上昇の確率（1928年～2022年）

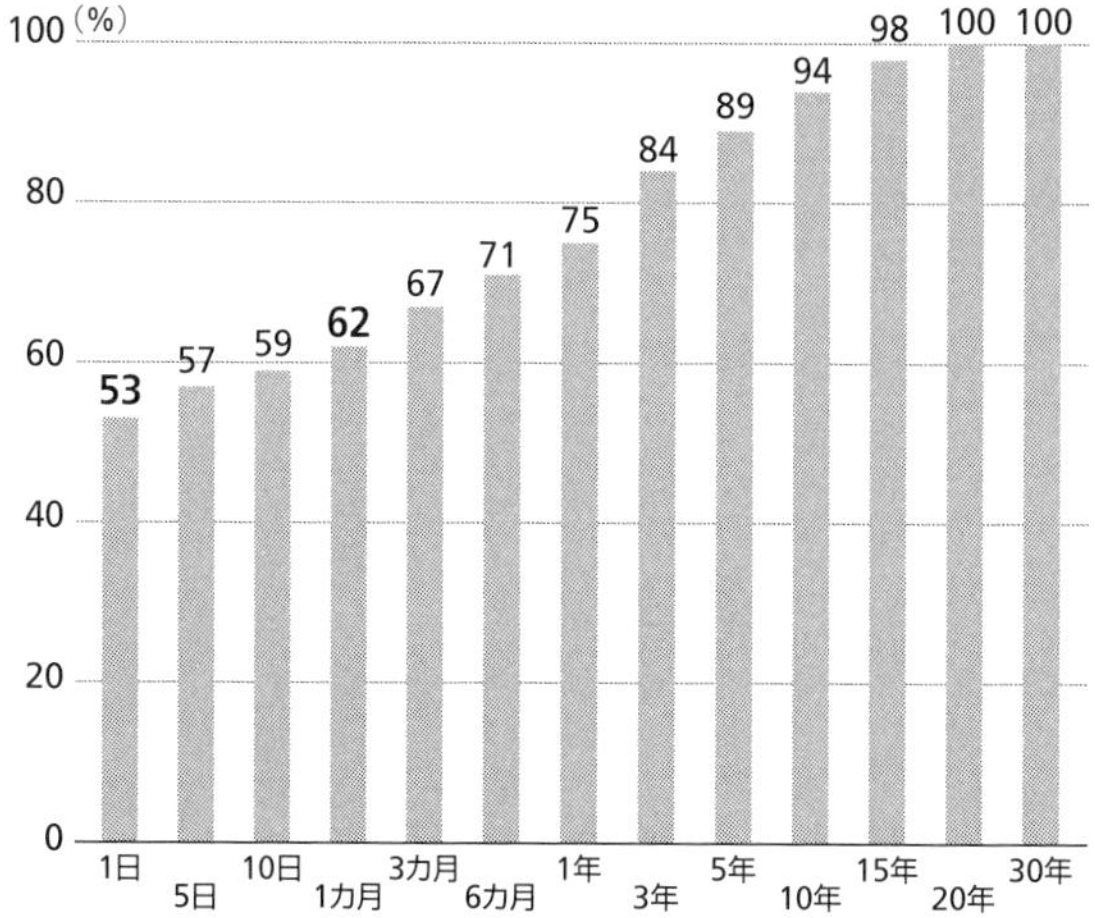

たとえばS&P500に1日だけ投資した場合、儲かった確率は53%ということです。株価指数は上がったり下がったりを繰り返すものですが、1日だけに賭けると、勝つか負けるかは、ほぼ五分五分だったわけです。

では、買ってから売るまでの投資期間を少しずつ延ばしていくと、どうなるでしょうか。

S&P500を買って1カ月後に売却した場合、儲かった確率が62%に上がっていることが見て取れます。

そして保有期間を延ばせば延ばすほど

儲かる確率は高まり、**10年保有すれば94%、15年保有すれば98%、20年を超えると「100%儲かる」という結果になっている**のです。

過去95年間のデータで「10年保有すれば、94％の確率で儲かっていた」「20年以上保有すれば、１００％儲かっていた」というのは、これから長期投資をする人にとって心強い結果です。

もちろん、過去のデータは将来の運用成績を約束するものではありません。しかし、長期投資の効果を予測するうえでは参考になります。

「長期投資をしましょう」というと、よく「長期投資とは何年くらいですか？」と尋ねられるのですが、私はこれらのデータから、「10年以上」が1つの目安だと考えています。

本書で紹介する方法や商品を参考にして運用すれば、10年以上の長期投資であれば、少なくとも「大きく損をするのではないか」と心配する必要はないと思いますし、20年後にみなさんが70歳になる頃には、「50歳のあのときに始めておいてよかった」と思っていただけるような結果になるはずだと考えて、この本を書いています。

私を含め、50代の人が「人生100年時代」を生きるとすれば、これから40～50年もの時間があります。少なくとも20年後に70代になっている自分、30年後に80代になっている自分については、現実的に想像してみることができるでしょう。

長期投資を始めるのに、50代では遅すぎるということはなく、むしろ家計に余裕が生まれる50代からこそ「運用の始めどき」といってもいいかもしれません。

なぜ「分散投資」する必要があるのか

次に考えたいのが、分散投資の重要性です。

「リスク＝価格のブレ」を抑えるためには、投資先をいかに分散するかが重要なカギを握ります。

値動きが異なる資産を持つことは、1つの資産の価格が下がったときに、ほかの資産の価格上昇で補える効果があるため、保有資産全体で見れば、分散が効いているほど「価格のブレ＝リスク」を抑えられるからです。

複数の資産クラス（資産の種類）に分けて投資する場合、株式のようにリスク・リターンが高めの資産の割合を増やせば、保有資産全体のリスク・リターンは高まります。逆に、債券のようにリスク・リターンが低めの資産の割合を増やせば、保有資産全体のリスク・リターンは低くなります。

「いかに分散するか」には、さまざまな方法が考えられます。「日本の株式」と「日本の債券」というように異なる資産クラスを組み合わせるのも1つの方法ですし、同じ株式でも「先進国」「新興国」など異なる国や地域を組み合わせるのも効果があります。

「国や地域の分散を考えましょう」というと、「日本やアメリカに投資していればよいのでは」という意見を聞くこともあります。

図22　過去10年間の主要株価指数の推移

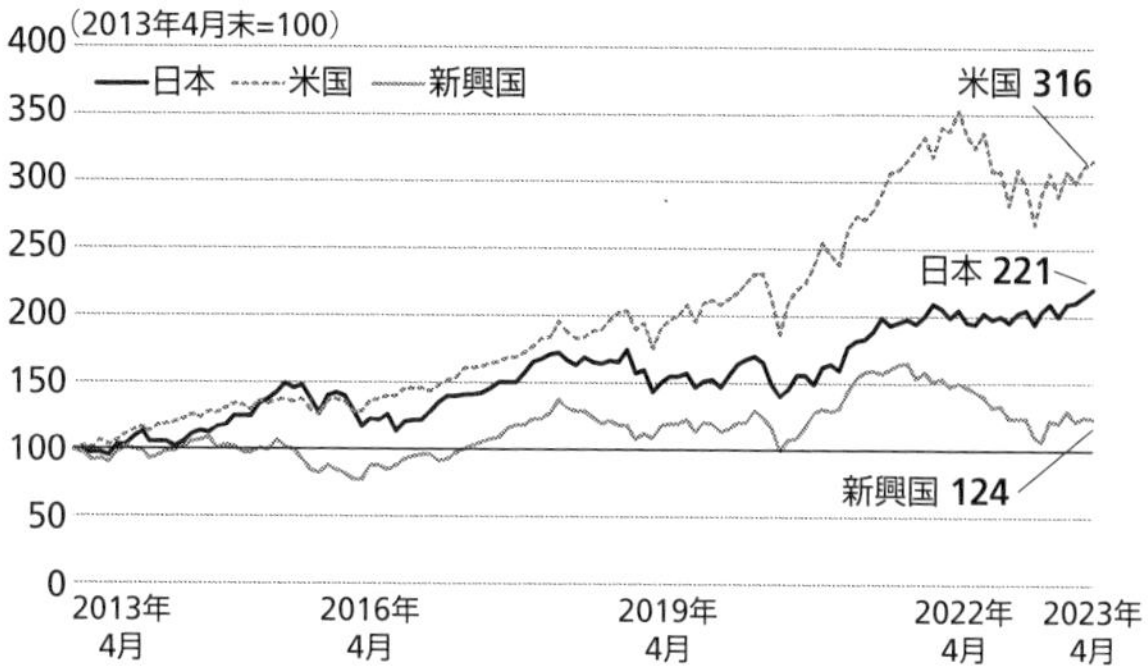

※日本＝TOPIX（配当込み）、米国＝S&P500（配当込み、米ドルベース）、
新興国＝MSCIエマージング・マーケット・インデックス（配当込み、米ドルベース）
※期間：2013年4月～2023年4月（月次）

今後は米国一辺倒ではなく、国・地域の分散を考えるほうがよい

老後の資金づくりのために投信を活用している事例を見ても、Ｓ＆Ｐ５００に連動する米国株インデックスファンドだけで運用しているというケースが少なからずあります。

たしかに、近年の株価の推移を見ると、米国一辺倒の投資が「正解」だったといえるかもしれません。

図22のグラフは、２０１３年４月末を１００として過去10年間の主要株価指数の推移を示したものです。グラフからは、これまで米国株が世界の株式市場を牽引《けんいん》してきたことがわかります。

図23　世界の人口増加率（10年後）

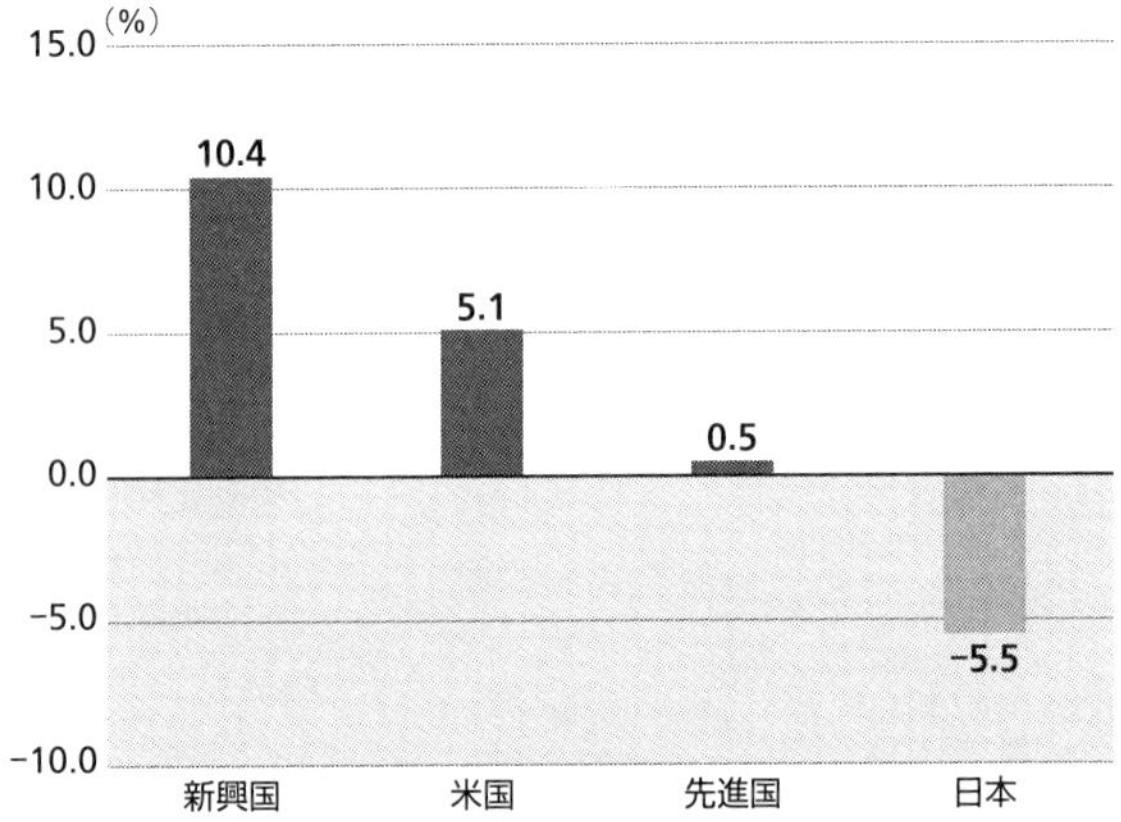

人口増加率は、国の成長力を左右する

しかし、今後も米国株がこれまでのような強さを見せるかどうかは、誰にもわかりません。

図23をご覧ください。

一般に、国の成長力は、人口増加率によって大きく左右されるといわれます。

そこで、10年後の人口増加率を見ると、日本はマイナス5・5％と予想されており、今後の経済成長に大きく期待するのは難しい状況です。

そして米国の人口増加率が5・1％と予想される一方で、10・4％という高い人口増加率となりそうなのが、新興国で

図24　実質GDP成長率の予想

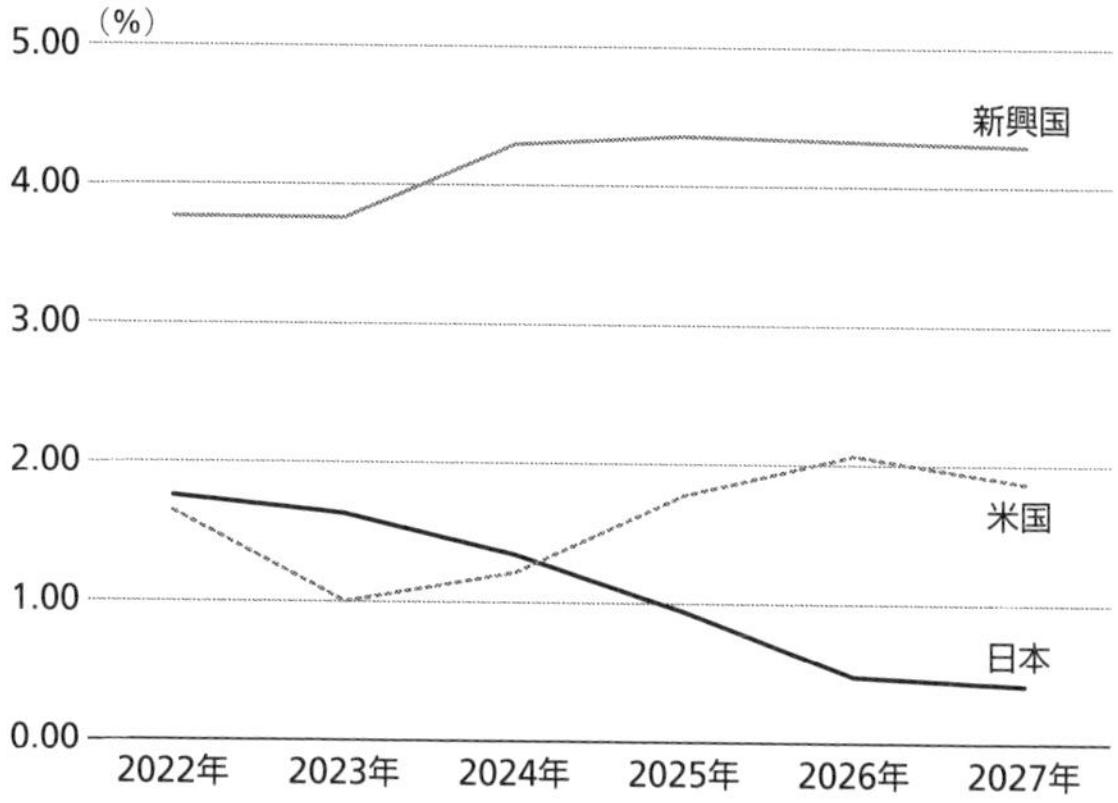

米国よりも、新興国のほうが成長性が高い

す。

次にGDP成長率の予想も見てみましょう（図24）。

新興国が高い成長率を維持していくと見込まれる一方で、日本の成長率は右肩下がりとなり、2025年には1%を切ると見られます。

米国の成長率はこれから少し伸びることも期待できそうですが、新興国の水準には、まったく及びそうにありません。

もう1つ、図25のグラフは、2023年の世界の経済成長に対して各国がどれ

図25　2023年に世界成長に占める割合

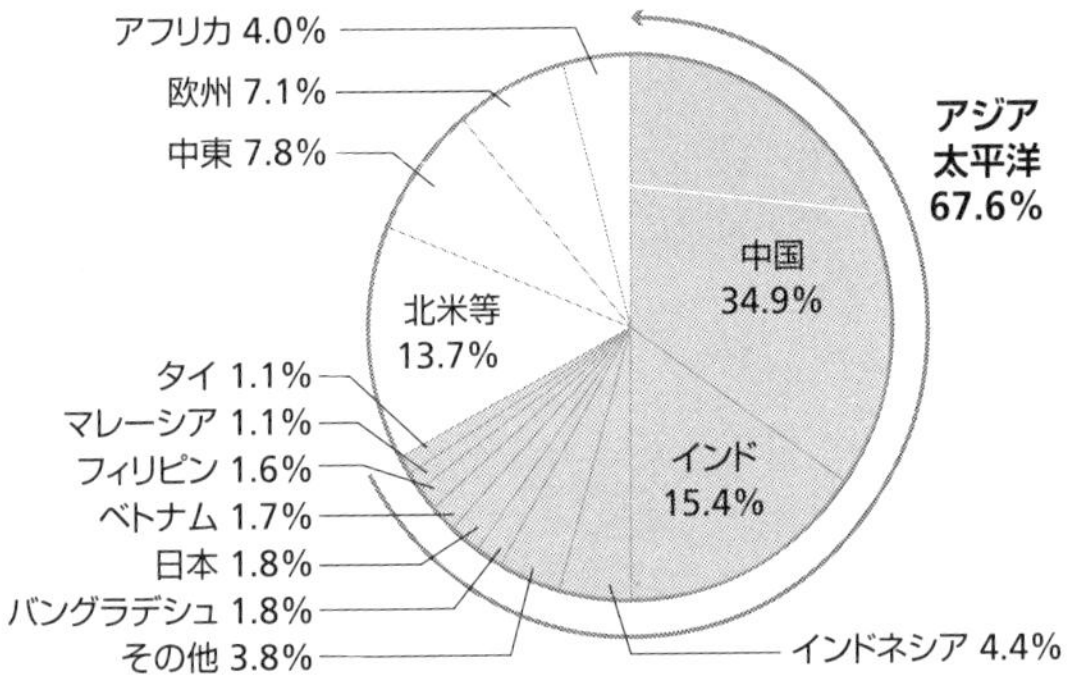

※地域のグループ分けはIMF地域経済見通しの分類に基づく

出所：IMFの2023年4月「世界経済見通し（WEO）」

アジアは、世界経済成長の約70%に寄与する

くらい寄与しているのか、割合を示したものです。

世界経済の成長に大きく寄与しているのは中国で、次にインド、インドネシアと続き、アジア太平洋地域だけで7割近くを占めていることがわかるでしょう。

本書執筆時点で、中国はやや失速気味ですが、２０２４年以降もインドを中心とした新興国は成長を続けていくと思われます。

投資を考えるとき、私たちの目線は自分の国や米国に向きがちです。

いま現在の経済状況からすれば自然な

ことではあるのですが、**これから10年、20年と長期で投資をしていくことを考えると、やはり「今後の成長が期待できる国や地域」**への分散も考えていく必要があるのではないかと思います。

少なくとも、「新興国に投資するのは危なそうだから」と一律に避けるべきではないと思います。

繰り返しになりますが、多様な地域への投資こそが、保有資産全体のリスクを抑えることにつながるからです。

企業規模の観点から「分散する」ことも重要

分散投資の観点からは、規模の違いに注目するのも1つの方法です。

「株式」は、企業規模を示す「時価総額（株価×発行済み株式数）」の規模に応じて「大型株」「中型株」「小型株」に分類されます。

大型株は、発行済み株式数が多く、多くの人が取引に参加して、たくさん売買されるので、中型株や小型株と比べると、相対的に株価が大きく動きにくいという特徴があります。

いい換えれば同じ株式でも、大型株に比べると、中型株や小型株は、リスク・リターンは高めになる傾向があるということになります。

代表的な株価指数は大型株を中心としたものが多いため、メジャーなインデックスファンドで運用していると、保有資産は大型株が中心になりがちです。

中型株や小型株については、どのように考えればよいでしょうか。

1つ知っておきたいのは、株式市場では、大型株が強い時期と小型株が強い時期とがあることです。

図26は、アメリカの小型株指数である「Russell2000」を、大型株指数「S&P500」の指数で割った値をグラフ化したものです。

2000年から2023年の期間のデータを見ると、この間は相対的に小型株が強かったものの、近年は大型株に強さが戻ってきていると考えられます。

図26 米国の大型株に対する小型株のパフォーマンス
（Russell2000 ETF/S&P500 ETFの比率）

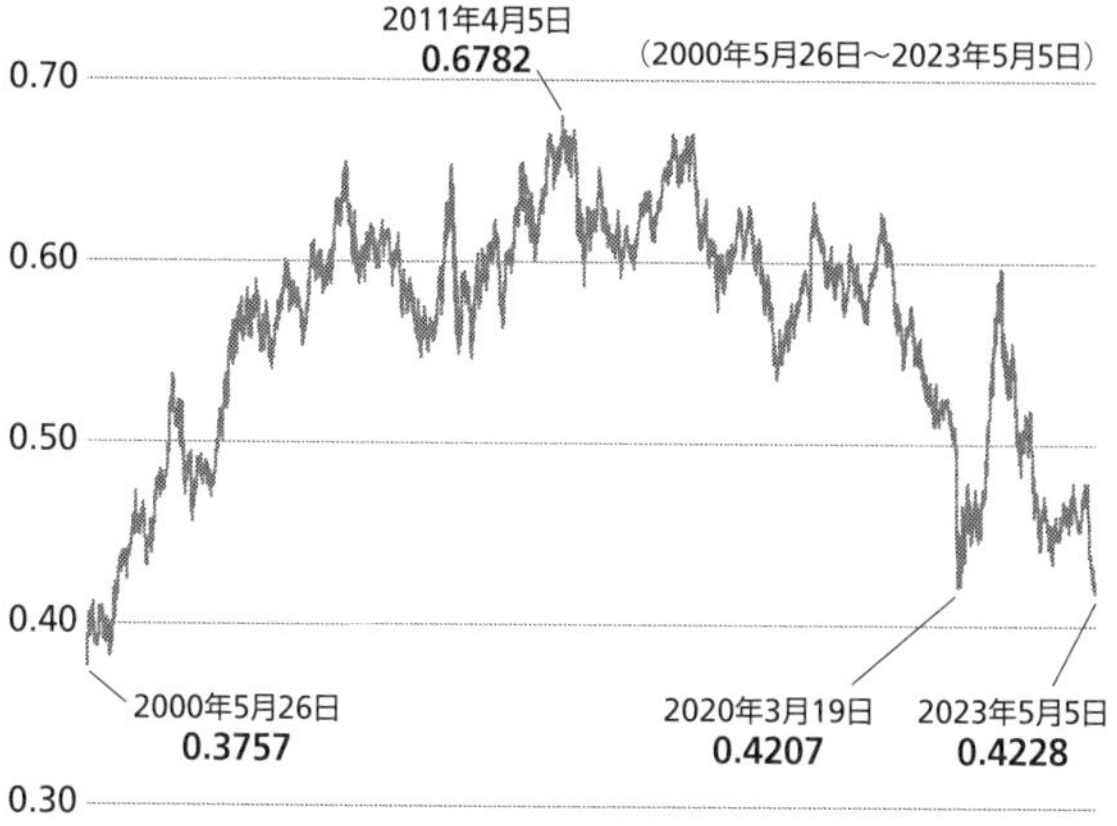

出所：Bloomberg

もちろん、「今後、大型株と小型株のどちらが強いのか」を予測するのは難しいでしょう。

そこで私は、経済状況を分析して正確にいい当てようとするのではなく、**株式市場がどちらの方向に進んでもいいように、大型株から小型株まで幅広く投資して分散を効かせるのが望ましい**のではないかと思っています。

積み立て投資なら、心穏やかに運用を続けられる

ここまで「長期投資」と「分散投資」の効果についてご説明してきましたが、

もう1つ、安定的に資産形成していくうえで非常に重要なポイントとして挙げられるのが「積み立て投資」です。

投資をするということは、投信のように値動きのある金融商品を買うわけですが、積み立て投資とは「時間の経過とともに価格が変動するものを、定期的に一定額ずつ買う」ことをいいます。

わかりやすい例でいえば、「毎月1万円ずつＴＯＰＩＸに連動するインデックスファンドを買う」といったやり方をするのが積み立て投資です。

積み立て投資をおすすめする理由を知っていただくために、積み立てにどんな効果があるのかを見てみましょう。

図27をご覧ください。たとえば、ある投信に毎月1万円ずつ積み立て投資するとして、基準価額が1万円、５０００円、１万２５００円、８０００円、１万６０００円と変動したケースを考えてみましょう。

図27　基準価額が下がると、買える口数が多くなる

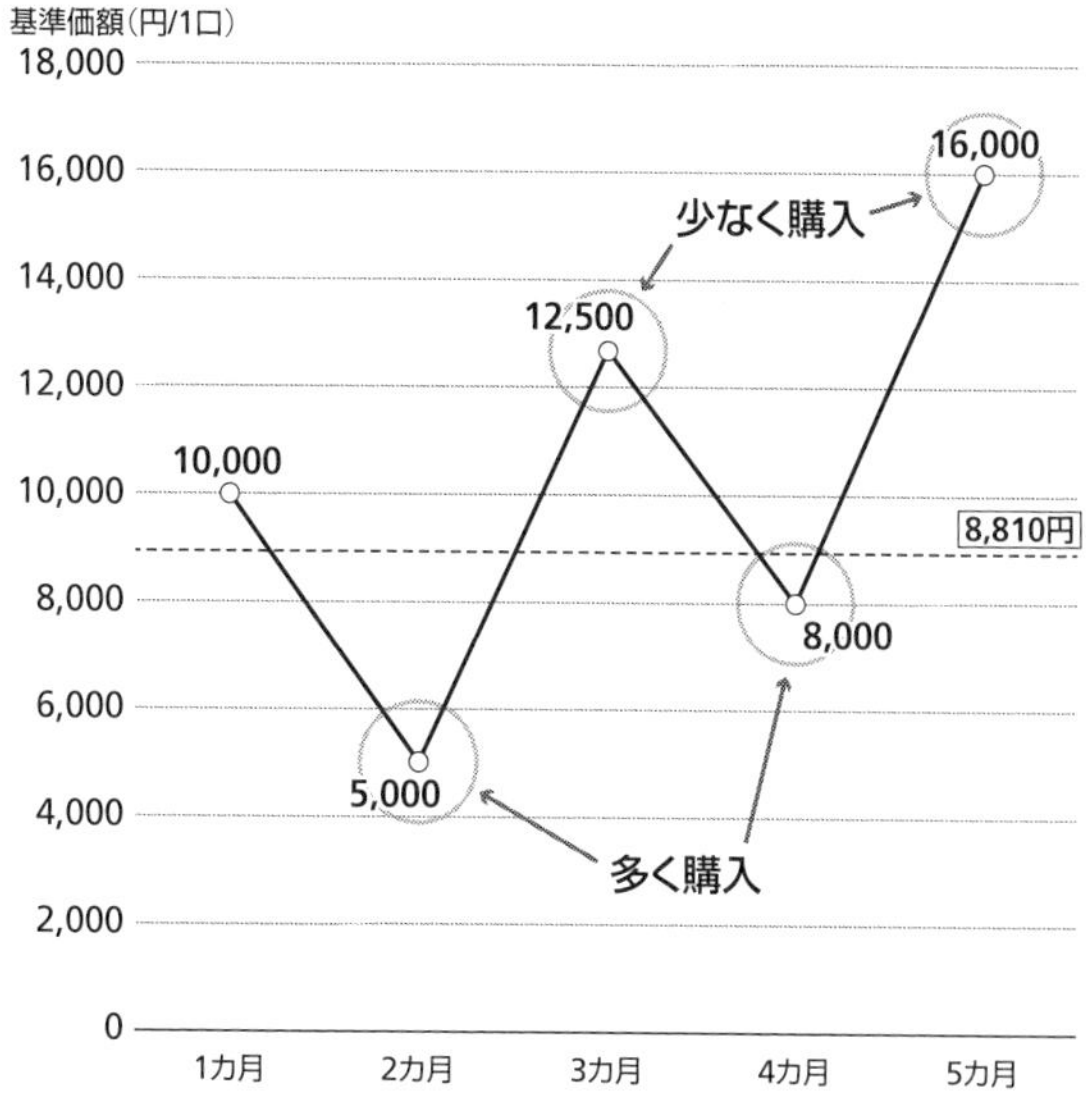

1口あたりの基準価額		10,000円	5,000円	12,500円	8,000円	16,000円	合計	1口あたりの平均購入単価
毎月1万円ずつ購入した場合	投資金額	10,000円	10,000円	10,000円	10,000円	10,000円	50,000円	8,810円
	投資口数	1口	2口	0.8口	1.25口	0.625口	5.675口	

定時定額投資による積み立て投資は、平均購入単価を抑えられる

最初の月は基準価額が1万円なので、買える口数は1口です。

その次の月は、基準価額が下がって5000円になったので、1万円で2口買うことができました。

続いて3カ月目は基準価額が1万2500円に上がったので、1万円で買えた口数は0・8口でした。

4カ月目は、基準価額が8000円に下がったので、1万円で1・25口。

そして5カ月目には、基準価額が1万6000円に大きく上昇したので、1万円で買えたのは0・625口となりました。

この場合、投資額は5万円で、購入できた口数は5・675口となります。1口あたりの平均購入単価は、「5万円÷5・675口＝8810円」です。

一方、もしも基準価額が1口1万円だった時点で一括で5万円投資していたとすると、購入できたのは5口ということになります。


こうして具体例を見るとわかるように、**「一定額ずつ」買う方法では、1口あたりの**

基準価額が低いときには口数が多く買え、高いときには少なくなるものの、効率的に「口数」を増やすことができ、平均購入単価を抑える効果があるわけです。

この例を見ると、「基準価額が５０００円のときに5万円分を買うことができれば、一番いいのでは？」と思うかもしれません。

たしかに、５万円で10口買えるなら、そのほうがいいに決まっています。

しかし値動きのある運用商品を買う場合、いつが「お買い得」なのかを見極めるのは非常に難しいものです。

「いまこそ安値だ、たくさん買っておこう」と思っても、そこからさらに値下がりすることも十分に考えられます。

そして、そのような〝賭け〟をしようとすると、「いまは買うべきか、買うべきではないのか」などと常に頭を悩ませることになるのです。

「人間の心理」は投資向きではない?

図28をご覧ください。これは価格変動の2つのパターンを図示したもので、「100円でスタートした価格が120円まで上がった後、100円まで下がり、次に115円まで上がり、その後も上がったり下がったりを繰り返して、3年後に150円になった」というケース①と、「100円でスタートした価格が70円まで急落し、その後なかなか価格が戻らなかったものの、じりじり上昇して3年後に130円になった」というケース②です。

図を見ながら、一緒に「我が事」として考えてみましょう。

ケース①の場合、100円から順調に120円まで価格が上昇したとき、みなさんはパッと売却して利益を確定できるでしょうか?

「せっかく値上がりしているのだから、もう少し様子を見たい」という人が多いのではないでしょうか。

そこから価格が下がった後、少し上がって115円になったら、どうでしょうか。一

図28　投資するタイミングは難しい

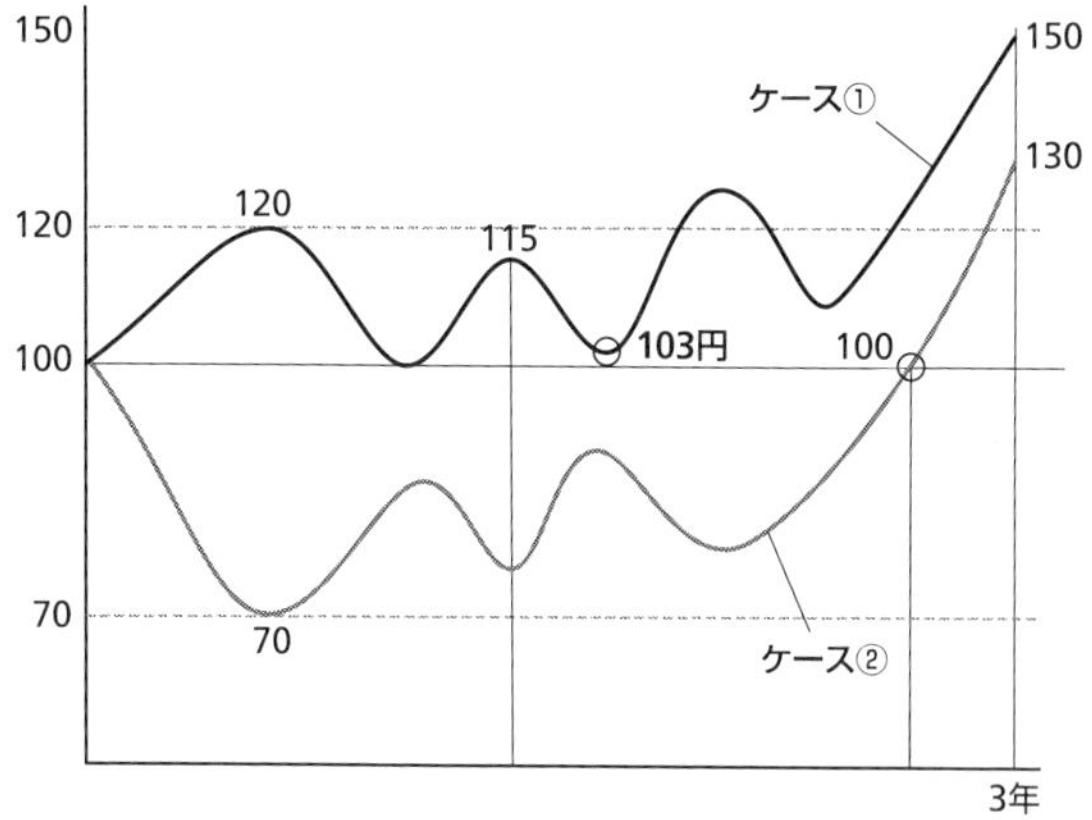

○のタイミングで売却する人が多くなる

度は１２０円まで値上がりしたのを見てしまっていますから、「１２０円まで戻らないと売りたくない」と考え、やはり利益を確定するのは難しいのではないかと思います。

ところがまた価格が下がり、１０３円くらいになると、「これ以上値下がりして元本割れしたらどうしよう」などと不安になり、売却してしまったりするのです。

ケース②のように、最初に１００円で買ったものが70円まで値下がりしたとしたら、どうでしょうか？

多くの人は「二度と投資なんてやりたくない」と思うのではないかと思います。そして「少なくとも１００円に戻るまでは売らない」と決め、我慢するというのがよくあるパターンです。

そして実際に１００円に戻ると、おそらく９割の人は「やれやれ、やっと価格が戻った」と、ホッとして売却するのです。

このようなやり方をしていると、いつまで経っても資産は増えません。

当たり前のことですが、投資で利益を出すためには、「安く買って高く売る」ことが必要です。

そこで多くの人は、値動きに一喜一憂しながらタイミングをはかり、「安いときに買って、高いときに売ろう」と考えるのですが、これが大きな間違いなのです。

相場の動きを読むのはプロでも難しいのはもちろんのこと、人間は欲が出たり不安になったりというように気持ちが乱れがちで、合理的な判断ができなくなることが多いもの。タイミングを見て売買をするというのは、実は大変に難しいことなのです。

図29　TOPIXと国内公募投信の資金流出入額の推移

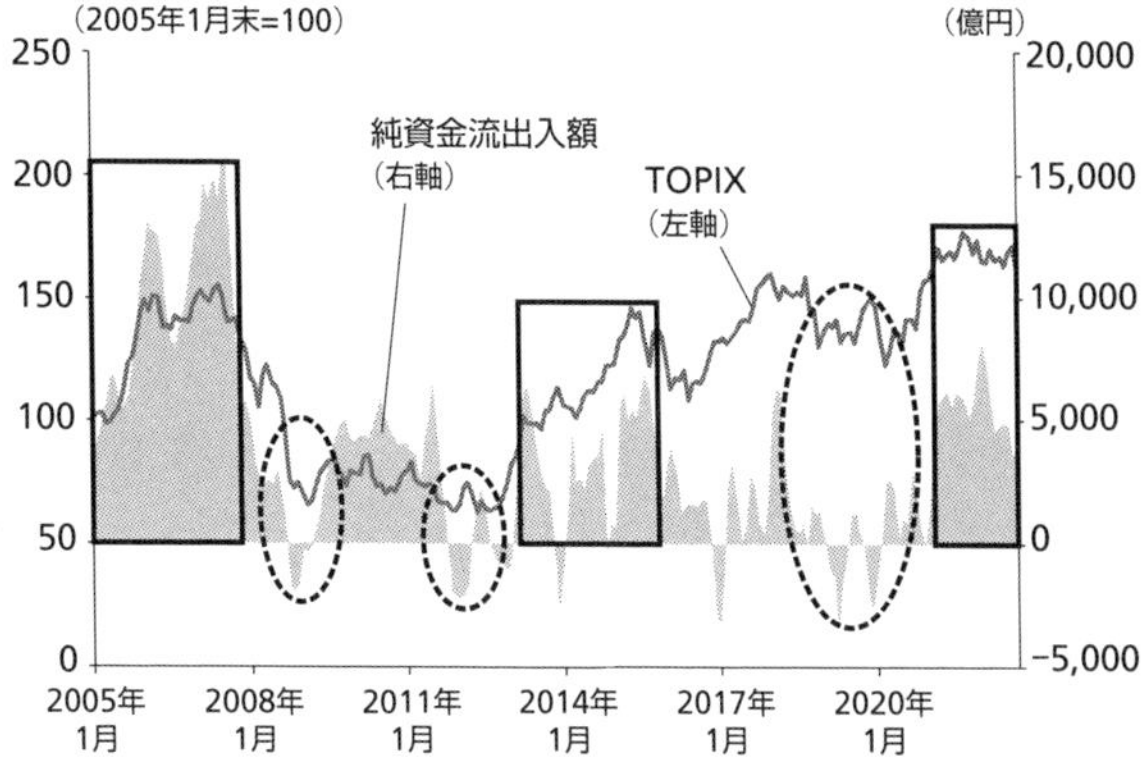

売買のタイミングを自分で判断するのは難しい

図29は、ＴＯＰＩＸと国内の投信の資金流出入額の推移を示したグラフです。

このグラフを見ると、ＴＯＰＩＸが上昇しているときほど投信への資金の流入が多く（四角の枠）、逆に、ＴＯＰＩＸが下落しているときには、投信から資金が流出している（点線の丸枠）ことがわかります。

つまり、**ほとんどの人は「安く買って高く売るべきだ」とわかっているはずなのに、実際は「株価が上がると買いに走り、株価が下がると狼狽《ろうばい》して売る」ということを繰り返している**わけです。

「安いときにまとめて買う」のが現実的でない以上、相場の動きを追うのはやめ、機械的に積み立てて「平均購入単価を抑える」のが最も合理的な方法だと思います。

もちろん、私自身も「積み立て投資派」です。

積み立て投資で「量（口数）」を増やすのが成功への近道

角度を変えて、もう少し積み立ての効果について見ていきましょう。

多くの人は、「投資の成果は、買ったものの価格が上がるか下がるかで決まる」と考えます。

しかし、**投資の成績を決めるのは、実は価格だけではありません。カギを握るのは「量」、投信でいえば「口数」なのです。**

図30をご覧ください。

たとえば、投信の基準価額が1万円のときに１００万円を一括投資したとしましょう。

この場合、買えた口数は１００口で、あとは売却時に基準価額が1万円を超えるかどう

図30　積み立て投資で、量(口数)を増やすことを考える

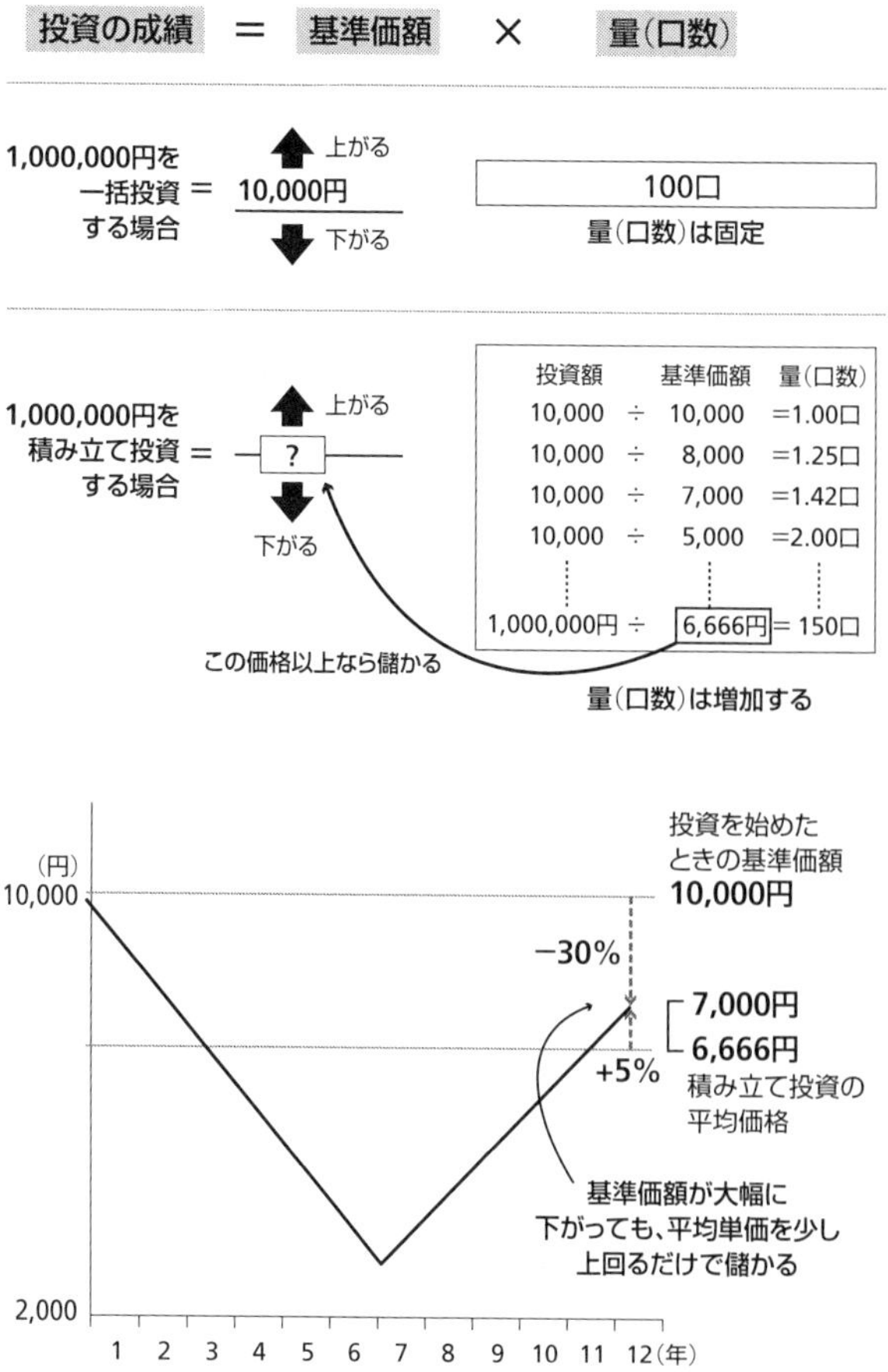

基準価額が6,666円以上になれば、利益が出る

か、つまり「価格」だけが投資の成績を左右することになります。

一方、同じ１００万円を投資するのでも、定期的に１万円ずつ１００回に分けて積み立て投資をした場合はどうでしょうか？

積み立て投資なら効率的に量（口数）を増やすことができます。１万円のときは１口、８０００円のときは１・２５口、７０００円のときは１・４２口、５０００円のときは２口……というように１００回に分けて積み立てていき、１５０口買えていたら、１口あたりの平均買いつけ価格は６６６６円となります。

つまり、積み立てという買い方で、同じ投資額でも口数をうまく増やせたことで、基準価額が６６６６円以上なら利益が出る状態になるのです。

最終的に基準価額が７０００円になった場合、一括投資していれば30％の損失が発生しますが、積み立て投資をしていた場合は、５％の利益が出ます。

この例からわかるように、積み立て投資では値下がりするほど量（口数）を多く買うことになるので、投信の運用状況がいまひとつであっても、少し価格が戻るだけで、運用の結果がプラスになることが多いのです。

こうして見ると、積み立て投資は「値下がりすると、たくさんの口数が買えてうれしい投資法」ということもできます。

相場が暴落するような局面がくれば、普通は狼狽して、持っている株式などを売ってしまう投資家が多いものです。

しかし、積み立て投資をしている人なら、「大きく値下がりしている間に、たくさん買っておける」と考えます。

「効率よく量を増やせること」は積み立て投資の大きなメリットですが、同時に「相場が急落したときでも、心穏やかに投資を継続できる」ことも見逃せないメリットなのです。

一括投資と積み立て投資の実績を比較してわかること

積み立て投資と一括投資で、どのように投資成果が変わるのか、実際のデータで検証したのが図31です。

「ＭＳＣＩ全世界株価指数（含む日本、円ベース）」という世界の株式の値動きを示す指数を使い、過去15年間、１８０カ月にわたり、毎月1万円ずつ積み立て投資を行ったケースと、２００７年に一括投資したケースを比較しています。

ちなみにＭＳＣＩ全世界株価指数とは、ＭＳＣＩ（モルガン・スタンレー・キャピタル・インターナショナル）社が公表している株価指数のことで、日本を含む世界主要23カ国を対象にしています。

最終的な投資成果は、投資元本１８０万円に対し、一括投資では４６７万円、積み立て投資では５００万円になっています。過去15年間は全般に株式相場が好調だったため、一括投資と積み立て投資の成果には大きな差は生じていません。

図31 全世界株式の一括投資と積み立て投資の比較（15年間）

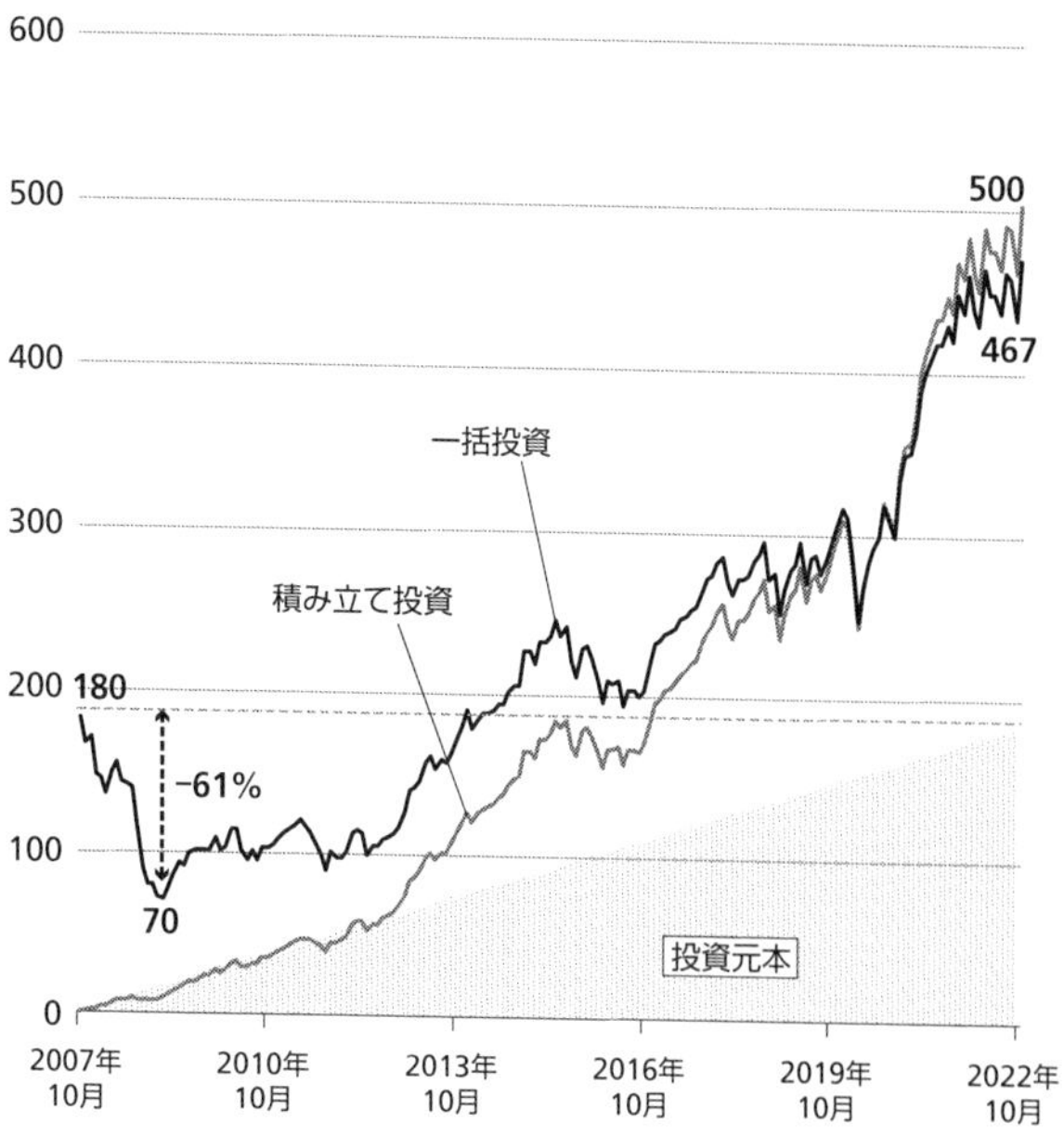

※全世界株式＝MSCI 全世界株価指数（含む日本、円ベース）
※円ベース指数値は、月末の米ドルベース指数値に、月末米ドル・円レート（三菱UFJ銀行TTM）をかけて算出
※一括投資＝2007年10月に180万円を一括投資したと仮定して評価、積み立て投資＝2007年10月から毎月1万円ずつ、15年間（180カ月）積み立て投資を行い、翌月末の時価で評価したと仮定

しかし、この図で注目したいのは、最終的な投資成果ではありません。

図の左のほうをご覧ください。一括投資をした場合、投資して1年後のリーマン・ショック時には、評価額が70万円にまで下落していたことがわかります。

実に61%ものマイナスです。

さて、もしみなさんが２００７年に投資をしていて、リーマン・ショックで１８０万円が70万円になっていたら、その後どのように動いたでしょうか？

おそらく、大きな損失が生じていることにショックを受け、「投資なんてやるものじゃない」と感じたのではないでしょうか。

そして、評価額が１８０万円まで戻った時点で、「やれやれ。また下がる前に売らなくては」と、早々に売却してしまっていたのではないかと思います。

もちろん、基準価額が回復したところで売却すれば、投資成果はゼロです。**「一括投資をしていたら15年で４６７万円まで増やせた」というのは、いま振り返っていえることであって、一括投資後にじっくり保有し続けるのは難しかったはずです。**

一方、積み立て投資の推移を見ると、投資元本が1万円ずつ積み上がっていくのに対し、評価額が元本を割っている期間はさほど長くありません。

積み立て投資を始めて5年目以降は、投資元本を評価額が上回る状態がずっと続いていることがわかります。

このような状況であれば、それほど我慢強くない方であっても、「せっかくだから積み立てを続けよう」と思って、心穏やかに投資を続けられるのではないでしょうか。

「相場の予測ができる人」はいない

積み立て投資を続けるのであれば、相場の動向を気にする必要はありません。

しかし、そうはいっても、たとえば積み立てを継続して、ある程度まとまった金額を運用するようになれば、「リーマン・ショックのような急落が起きたらどうしよう」「そろそろ危ないから、いったんすべて売却したほうがいいのでは」などと心配になる場面もあると思います。

図32　景気と金融政策と株式・債券の関係

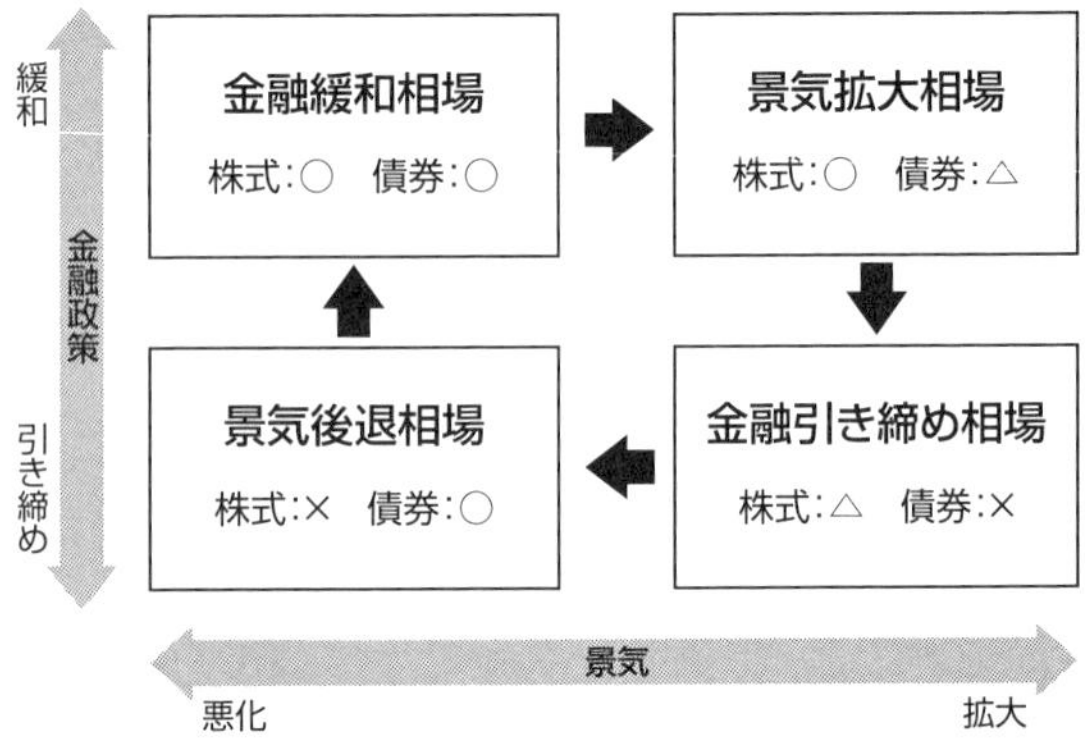

景気循環の「速度」、景気拡大や後退の「大きさ」を予測することは難しい

たしかに、景気の循環や景気の拡大・後退についてはある程度の流れがあるものですから、先行きについて何ひとつわからないというわけではありません。

図32をご覧ください。

これは、一般に景気がどのように循環し、それによって株式や債券の価格がどう影響を受けるかを図示したものです。

左下の「景気後退相場」のときは、株価は上がりにくくなります。

一方、景気後退時は中央銀行が金利を引き下げ、企業や個人がお金を借りて設備投資や消費が活発になることを目指します。金利が下がれば債券価格は上昇するので、債券にとっては有利な状況になるわけです。

その後、金利の引き下げや通貨供給量を増やすといった金融緩和が行われると、市場にマネーがあふれて株や債券などあらゆる資産が買われ、価格が上昇しやすくなります。景気拡大相場に入ると、株式は引き続き順調に買われやすい状況が続きます。

一方、株価が上がると、債券よりも株に投資するほうが魅力的になるため、債券価格は下落しやすくなります。

景気が過熱すると、中央銀行は金融引き締めを行います。金利の引き上げが行われるため、債券価格は下落しますし、消費の冷え込みや企業の設備投資の抑制などから景気後退の足音が近づく中で、株価は下落しやすくなります。

このような基本的な流れを知っておくことは意味がありますが、特に株式に投資する場合、「景気が後退しそうだから、いったん全部売ったほうがいいのではないか」とい

うように、景気循環の先行きを予測して運用方針を変えることは、あまりおすすめしません。

というのも景気が循環するということまでは、ある程度読めるものの、景気循環の「速度」や、景気拡大・景気後退の「大きさ」を予測するのは非常に難しいからです。

本書執筆時点でも、金融引き締め相場から景気後退相場に入るのではないかというタイミングだということはわかるのですが、エコノミストによって「ハードランディング（過熱した景気の急激な失速）になる」「いやソフトランディングになるだろう」と見方は分かれています。

そもそも、何をもってハードランディングというのかも明確ではありません。「株価の下落が50％ならハードランディング」といった基準があるわけではなく、実際のところ「何が起きるのかは誰にもわからない」のです。

また、みなさんにはここで２０２０年３月のコロナ・ショックを思い出していただきたいと思います。

あのとき、株価はたしかに大きく下落しましたが、たった2週間で戻りました。

また、あれほどの大ショックといわれるリーマン・ショックでも、２００８年9月に50％ほど株価が下落したものの、２００９年3月には株価が戻っています。

一方、ネット（ＩＴ）バブルが崩壊したときは、景気後退相場が3年ほど続きました。

つまり、**「○○ショック」と呼ばれる過去の相場急落にしても、その中身は毎回異なり、先行きは誰にも予測できない**のです。

ちなみに私はセミナーなどで、「私にも予測はできません。これから景気後退相場になるのではと思っていますが、信用しないでください」「逆に、『私の予測を信用してください』という人がいたら、信用してはいけませんよ」などと話しています。

このように「予測できない未来」に対して私たちができるのが、積み立て投資でタイミングを分散し、投資する資産も分散し、長期で保有するという「長期・積み立て・分散投資」なのです。

債券投資は「一括投資」も選択肢

しかし、「積み立て投資は絶対ではない」ということもいわれます。

「これから右肩上がりに値上がりしていくなら、一括投資したほうがいい」

「ずっと右肩下がりに値下がりし続けるケースでは、積み立てでも損をする」

これらはいずれも、理屈のうえでは正しい指摘です。

値上がりし続けることがわかっているなら、最初にまとめて買ったほうがいいのは当たり前のことですし、ずっと値下がりし続けるものに投資をすれば、買い方を問わず、損失が出るのも当然だからです。

しかし、基準価額というのは、上がったり下がったりするものです。特に、価格の上下が大きい株式に投資する投信の場合は、値下がりしたときに安く口数を増やせるというメリットが、投資成果にポジティブに働く可能性が高いので、積み立て投資が非常に優れた買い方であることは間違いありません。

一方、債券投資については少し話が変わります。

たしかに価格は上下するのですが、先にご説明したように債券はリスク・リターンが低い、つまり値動きがあまり大きくない金融商品です。

これは、「値下がりしたときに多く買う」という積み立てのメリットがあまり発揮されないということでもあります。

また、債券の価格は、金利の動向から予測しやすい面があります。

たとえば本書執筆時点では、**世界で金利引き上げが行われている「金融引き締め相場」ですから、今後の景気循環の流れを考えると、買うのにはいいタイミング**だと考えられます。

もちろん債券についても積み立て投資をしてもよいのですが、ある程度まとまったお金がある方であれば、一括で債券ファンドを買うというのも選択肢になるでしょう（詳しくは第4章で述べます）。

第3章

50代が、新NISAを絶対に利用すべき理由

資産運用では「非課税」メリットを最大限活かす

前章では「長期・積み立て・分散投資」の重要性をお伝えしましたが、ここでもう1つ、章を設けて、みなさんにお伝えしたいことがあります。

それは、資産運用では「非課税」のメリットを最大限に活かすことが非常に重要だということです。

ニュースを見ていると、税金や社会保険料の負担増など、私たちにとってデメリットとなる話ばかりが大きく取り上げられがちです。

一方、資産運用の話は「お金のことはよくわからない」「知識がないのに、投資なんて難しそう」といったイメージがあるからか、「非課税」という私たちに大きなメリットのある話であっても、さほど話題になりません。

しかし実際に税金や社会保険料の負担が増し、物価上昇と相俟《あいま》って家計が圧迫される中、取り返せるものはしっかり取り返すことが資産を守ることにつながります。

何より、資産運用において、非課税制度は非常に利用価値が高いのです。長期でじっくり大きな資産に育てていくことを考えると、非課税制度を使うかどうかによって、運用結果に１００万円単位の差が生じることも十分に考えられます。

ここで、その利用価値を知って、しっかり活用していきましょう。

まず知りたいのは、「何の税金が非課税になるのか」です。

運用に挑戦したことがない方にとってはあまり身近な話ではないと思いますが、資産運用で得た利益（所得）は、原則として課税対象となります。

ここでいう「資産運用で得た利益」とは、預金につく利息、株式や投信の売買をして得た値上がり益、株式の配当金、投信の分配金などです。

税率は、20・３１５％（うち所得税と復興特別所得税を合わせて15・３１５％、住民税が５％）です。ざっくりいうと、**１００万円儲かった場合は、約20万円の税金を納めなければならない**わけです。

図33　資産運用は「コスト」と「税金」が極めて重要

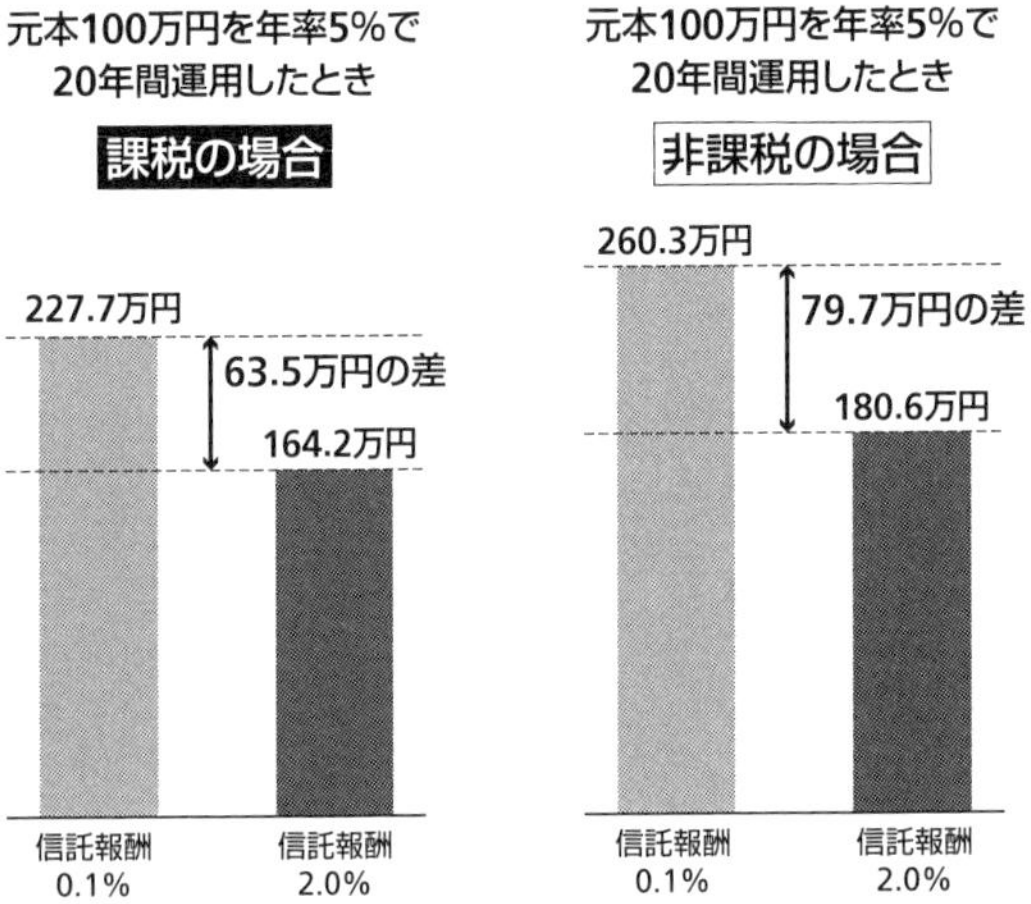

コツコツ運用して利益を積み上げて、そのうち２割も持っていかれてしまうというのは、なかなかショックな話ではないでしょうか。

先に、投信は信託報酬が低いなど低コストなものを選ぶことが重要だというお話をしましたが、運用においては「コスト（手数料）と税金」をいかにカットするかが結果に大きく影響します。

具体的に数字で実感していただけるように試算したのが、図33です。

まず元本１００万円を年率５％で20年

間運用した場合について、非課税制度を使わなかったケースを見てみましょう。

信託報酬が2・0％なら、資産は164・2万円となります。

これが信託報酬を0・1％に抑えると、227・7万円まで増えます。手数料を抑えるだけで、60万円以上もの差がつくことがわかります。

では、非課税制度を使うとどうなるでしょうか？

信託報酬が2・0％だと、資産は180・6万円になります。約16万円の税金が浮いた計算です。

そして信託報酬を0・1％に抑えれば、なんと260・3万円。税金を約33万円も浮かせることができています。

こうして比較すると、信託報酬や税金などのコストを抑えることの重要性がよくわかるはずです。

同じ「100万円を年率5％」の運用でも、最終的に手元に残るお金に100万円近い差が生じるのです。

これから投信で運用を始めていくみなさんは、まず信託報酬の低い投信を選ぶことによって、運用利回りをできるだけ高めることを考えましょう。

そうして長期・積み立て・分散投資を実践し、運用益が大きくなっていったとき、ものをいうのが非課税制度です。

ここで見た計算でおわかりいただけるように、「運用益を大きくできれば、それだけ非課税のメリットも大きくなる」のですから、「低コスト投信」と「非課税制度」をセットにしてフル活用することが肝要なのです。

投資の非課税制度は「確定拠出年金」と「ＮＩＳＡ」

投信で運用でき、運用益が非課税になる制度には、老後の資金づくりを目的とした厚生労働省管轄の「企業型ＤＣ（企業型確定拠出年金）」「ｉＤｅＣｏ《イデコ》（個人型確定拠出年金）」と、金融庁管轄で投資目的を問わない「ＮＩＳＡ（少額投資非課税制度）」があります。

企業型DCは、企業が毎月拠出してくれる掛け金を、加入者である従業員が自分で運用する制度です。

「そういえばウチの会社も企業型DCがあるみたいだけれど、考えるのが面倒でほったらかしにしている」という方はいないでしょうか？

企業型DCでは、預金や保険など元本確保型の商品を選んでいる人が多いのですが、投信を選んで掛け金を運用することができます。

運用益が非課税になるだけでなく、将来の受け取り時も税制面で優遇がありますから、勤務先に企業型DCがある方は積極的に利用すべきです。

iDeCoは、老後に向けて「自分でお金を出して、自分で運用し、自分の年金をつくる」ための制度です。iDeCoの大きな魅力は、充実した税制メリットにあります。

運用益が非課税になるだけでなく、掛け金を拠出した分は全額所得控除の対象となり、所得税や住民税が安くなります。

さらに、受け取り時にも税制面での優遇が受けられます。

ｉＤｅＣｏは、基本的に国民年金被保険者であれば加入できます。

ただし、企業年金のある企業で働いている方の場合、勤務先の規約等により加入できない場合もありますから、勤務先の人事部等に確認してみましょう。

ｉＤｅＣｏは、税制面の優遇の大きさを考えると、最優先で活用すべき制度だといえます。

ただし、**あくまでも年金づくりを目的とした制度なので、運用したお金を受け取れるのが60歳以降になる点は注意が必要**です。

また、２０２２年からは65歳まで加入し続けて掛け金を積み立てられるようになりましたが、これにはさまざまな条件があり、60歳までしか積み立てられない方も多くいます。

本書は、50代の方を対象に10年以上の長期投資をしていただくことを基本としており、その前提のもとではこの後ご説明するＮＩＳＡをいかに活用するかがカギになるといえます。

このため、ｉＤｅＣｏについての説明はここまでにして、ＮＩＳＡを活用した資産形成についてじっくりご説明していきたいと思います。

50代の大本命は「新ＮＩＳＡ」

金融庁管轄の制度で、投資により得た利益が非課税になるのがＮＩＳＡです。

ＮＩＳＡは、本書執筆時点の２０２３年までは、積み立て投資のみ可能な「つみたてＮＩＳＡ」と一括投資も可能な「一般ＮＩＳＡ」に分かれており、いずれか一方のみを利用できる仕組みになっていました。

つみたてＮＩＳＡは投資限度額が年間40万円・保有限度額は８００万円、一般ＮＩＳＡは投資限度額が年間１２０万円・保有限度額は６００万円で、資産形成の助けになるものではありましたが、「これで十分」といえる内容ではなかったと思います。

また、これまでのＮＩＳＡは時限措置で、非課税で保有できる期間も一般ＮＩＳＡは５年、つみたてＮＩＳＡは20年というように限定されていましたから、「人生１００年時代のために、この制度で資産形成していこう」とまではなかなかいえませんでした。
しかし２０２４年1月から、ＮＩＳＡは新しい制度に生まれ変わることになりました（図34）。

まず、新ＮＩＳＡは時限措置ではなく、恒久的な制度になりました。いま50歳の方が「人生１００年時代」を生き、これから50年使っていくかもしれないことを考えると、これは非常に大きな意味を持ちます。

また、新ＮＩＳＡでは、これまでの一般ＮＩＳＡに相当する「成長投資枠」と、つみたてＮＩＳＡに相当する「つみたて投資枠」の併用が可能です。**つみたて投資枠では年間１２０万円、成長投資枠では年間２４０万円の投資ができるので、併用することによって年間３６０万円まで投資ができる**のです。

さらに保有限度額は、投資元本ベースで最大１８００万円（うち成長投資枠は１２００万円）へと大きく拡大しました。

図34　2024年1月施行の「新NISA」を積極的に活用する

現在のNISA	つみたてNISA	一般NISA
非課税の投資額	年間40万円	年間120万円
非課税の保有限度額	800万円	600万円

（つみたてNISA⇔一般NISA：同じ年に両方利用出来ない）

新しいNISA	つみたて投資枠	成長投資枠
非課税の投資額	年間120万円	年間240万円
	合計360万円（年）	
非課税の保有限度額	1,800万円	1,200万円（内数）
投資対象商品	**積み立て投資に適した一定の投資信託** （現行のつみたてNISA対象商品と同様）	投資信託は、信託期間20年未満、高レバレッジ型、毎月分配型等を除外

（つみたて投資枠⇔成長投資枠：同じ年に両方利用出来る）

投資枠は投資元本をベースに計算され、運用益についてはカウントされないので、運用益を上げ、新ＮＩＳＡで運用する額が１８００万円を大きく超えるというケースも十分にありえるわけです。

また、新ＮＩＳＡでは、売却した分の投資枠が復活します。これは以前のＮＩＳＡにはなかった、うれしいポイントです。

たとえば投資元本５００万円が運用によって６００万円に増え、それを売却した場合、投資枠が５００万円分復活します。

「せっかく運用で増えたから、ＮＩＳＡ口座で少し売却してお金を使い、復活した投資枠の分はまた積み立てていこう」といった使い方ができるので、資産を増やしていくだけでなく「運用途中で一部売却して使う」という面でも活用しやすくなりました。

ちなみに、新ＮＩＳＡの「保有限度額１８００万円」は１人あたりの枠です。夫婦２人で新ＮＩＳＡで運用すれば、家計としては３６００万円の枠を使えることになります。「老後資金２０００万円問題」の解決策となる制度といってもいいでしょう。

このように、新ＮＩＳＡは資産形成を進めるうえで強力な武器となる制度です。

国としては「税金を免除しますよ」という制度ですから、決まるまでには紆余曲折《うよきょくせつ》がありました。

新ＮＩＳＡの概要が決まるまで、実のところ、投資業界の多くの関係者はこれほどメリットが大きい制度になるとは思っていなかったでしょう。

めずらしく国民に対して「満額回答」といっていい制度が誕生したのですから、本書を読んでくださっているみなさんは、必ず新ＮＩＳＡを活用してください。

もちろん私自身も、２０２４年1月から新ＮＩＳＡを利用します。

つみたて投資枠と成長投資枠、どちらも「積み立て」で投資する

新ＮＩＳＡはすばらしい制度ですが、若干わかりにくいのが「つみたて投資枠」と「成長投資枠」の違いです。

何がどう違うのか、それぞれの枠をどう使えばよいのか、迷う人は多いでしょう。こ

こで、みなさんが知っておくべきポイントを整理しておきましょう。

つみたて投資枠と成長投資枠の大きな違いは、「投資できる商品」と「一括投資が可能かどうか」の２点です。

つみたて投資枠は以前の「つみたてＮＩＳＡ」からその内容を引き継いでおり、「投資できる商品が、金融庁が定める条件を満たした投信に限定されていること」「積み立て投資での利用に限定されており、一括投資はできないこと」がポイントです。

「金融庁が定める条件」とは、具体的には「販売手数料ゼロ（ノーロード）」「信託報酬は一定水準以下」といったもので、金融庁が考える「長期・積み立て・分散投資に適した投信」のみが対象になっています。

なお、いま国内には６０００本近い投信がありますが、つみたて投資枠対象商品は２０２３年９月15日時点で２５１本です。

投資できる商品が限定されていると聞くとデメリットだと感じるかもしれませんが、高コストな商品やわかりにくい商品が排除されているので、つみたて投資枠については「すべての人が安心して投資に臨めるメリットがある」と捉えてよいと思います。

一方、成長投資枠は、以前の「一般NISA」から主な内容を引き継いでいます。「上場株式や、つみたて投資枠の対象外になっている、さまざまな投信への投資が可能であること」「買い方の制限がないこと」がポイントです。

さまざまな投信への投資が可能ではありますが、新NISAでは「信託期間20年未満の投資信託」「高レバレッジ型」「毎月分配型」等は対象から除外されています。除外されている銘柄は、いずれも長期資産形成には不向きなものなので、これらが除外されていることについて気にする必要はまったくありません。

買い方については制限がないので、一括投資も積み立て投資も可能です。

ここからが私の考えですが、**私自身は、つみたて投資枠も成長投資枠も同じように「低コストのインデックスファンドを積み立て」で投資します。**

成長投資枠については誤解もあり、「積み立て投資に使えるのですか？」「つみたて投資枠とは別の商品を選ぶということですか？」などと質問を受けることがありますが、つみたて投資枠で選んだのと同じ投信を、成長投資枠で積み立てていくことができます。

成長投資枠だからといって、やるべき運用方法が変わるわけではないのです。

次章からは、いよいよ私が「50歳の投資未経験者」だと想定して、具体的にどのように投資するのかについてお話ししていきます。

第4章

私が50歳なら、こう増やす！

積み立てるべきは株式ファンド

さて、ここからは、まず私なら「具体的にどうお金を守り増やすのか」についてご紹介したいと思います。

新NISAを活用して積み立てをしていく投信は、すべて株式ファンドにします。なぜならば、新NISAのメリットは「運用益が非課税になる」ことだからです。

このメリットを最大化させようと考えれば、運用益が大きくなると期待できるハイリスク・ハイリターンの資産クラス、つまり株式ファンドに投資すべきということになります。

数字で考えてみましょう。仮にみなさんが新NISAで100万円を投資したとして、1％のリターンなら運用益は1万円、8％のリターンなら運用益は8万円になります。非課税になる金額は、1％のリターンの場合は約2000円ですが、8％のリターンの場合は約1万6000円となります。

こうして計算してみると、「運用利回りが高いほうが、非課税メリットが大きい」ということがよくわかるでしょう。

ただし繰り返しになりますが、ハイリスク・ハイリターンの株式で運用するからには、リスクを抑えて運用することが必要です。

10年以上の長期で運用すること、積み立てで投資して時間分散をはかること、投資先となる国・地域なども分散することを守るという前提で、私は新ＮＩＳＡは株式ファンドの積み立てを選びます。

世界経済の成長を、自分のものにできる

何度「リスクを抑えて運用すればよい」といわれても、ハイリスク・ハイリターンと聞くと、「やっぱりこわい」と思う方は多いと思います。

しかし私は、幅広く世界の株式に投資をすることは、私たちが取りうる、最も成功確率の高い運用方法だと思っています。

私自身、資産の大半を何らかの形で株式に投資していますが、その意味をよく知っているので、こわいと感じたことはありません。

こわくないということを腹に落とすには、「世界の株式に投資する意味」をしっかり理解しておくことが必要です。

図35をご覧ください。棒グラフが世界の名目ＧＤＰの推移、折れ線グラフは世界の株価の動きを示すＭＳＣＩ全世界株価指数の推移です。

株価の推移を見ると、たしかに大きく下落している局面があります。１９９９〜２０００年にネットバブルが崩壊したタイミング、２００８年のリーマン・ショックのタイミングでは株価が大きく落ち込んだことが見て取れますし、最近では２０２０年のコロナ・ショックによる急落もありました。

しかしこうした時期があっても、その後、株価は必ず回復しています。グラフからは、「長期では、世界のＧＤＰも株価も、右肩上がりに伸びてきた」ということがわかるで

図35　中長期で世界経済は拡大している

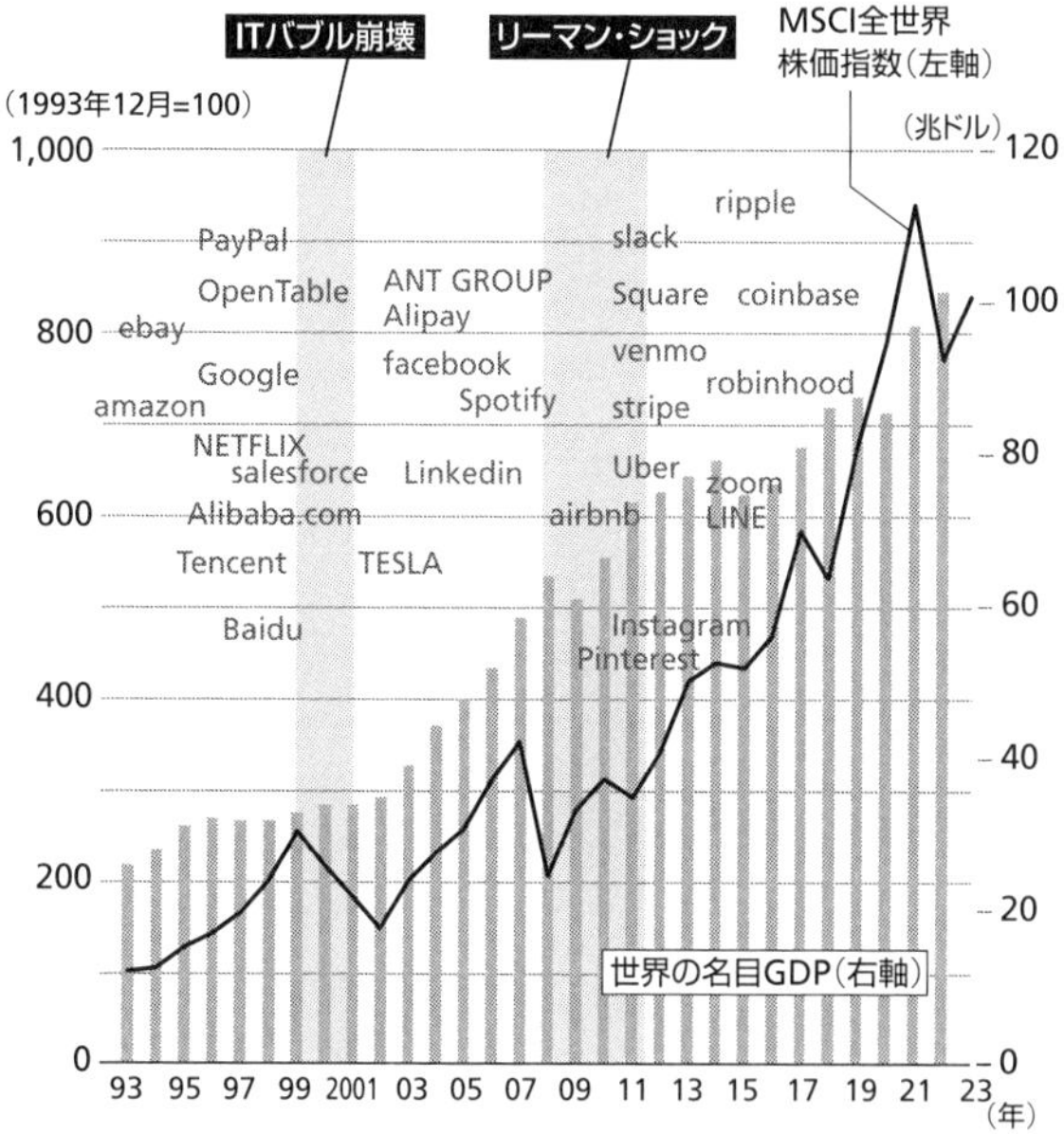

※2023年のMSCI全世界株価指数は、同年4月末時点のもの

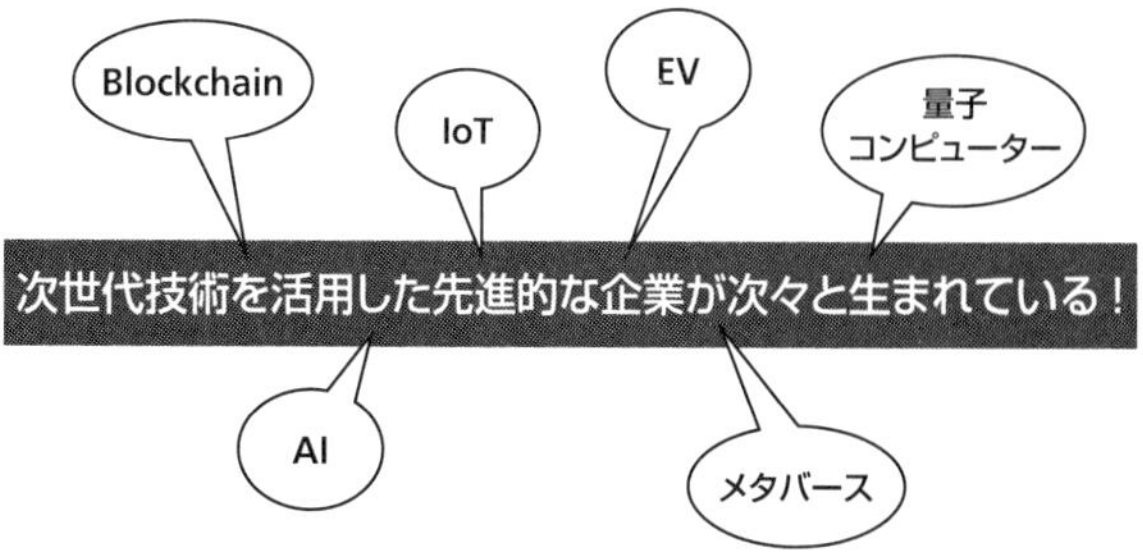

しょう。

なぜ、世界経済は成長を続けることができたのでしょうか？

それは図の中に示したように、**世界経済を牽引する企業がずっと現れ続けてきたから**です。

ネットバブルがはじける前、アメリカではアマゾン・ドット・コムやイーベイ、ペイパル、グーグル（現アルファベット）、セールスフォース・ドットコムなどが次々に立ち上げられ、中国でもテンセントやアリババ、バイドゥなど、のちにメガテックと呼ばれる企業が誕生していました。

ネットバブル崩壊後には、テスラ、リンクトイン、フェイスブック（現メタ）、スポティファイなどが次々に登場しています。

リーマン・ショックの最中には、エアービーアンドビー、スラック、ウーバーなどが生まれ、その後もズーム・ビデオ・コミュニケーションズやラインの登場が続きました。

こうしてみると、世界では人々が次々にイノベーションを起こし、先進的な企業が生まれ続けてきたことがよくわかります。

では、今後はどうでしょうか？

私は、これからも先進的な企業が生まれて世界経済は成長していくに違いないと思っています。ＡＩ、ブロックチェーン、ＩoＴ（Internet of Things／モノのインターネット）、メタバース、ＥＶ（電気自動車）、量子コンピューターなど、いままさに進化の真っ最中で、これから社会を大きく変えていくことがすでに見えている技術は枚挙《まいきょ》にいとまがありませんし、その先にも期待の新技術が続々と生まれるだろうと想像します。

そして、そのような進化の中から、世界経済を牽引する次の企業が現れるでしょう。

もちろん、一時的な景気後退などで株価が下落する局面もあるはずですが、長期的に見れば、株価は今後も右肩上がりで伸びていくのではないかと思います。

世界の株式に分散して投資することは、このような世界経済の成長の果実を、自分のものにすることを意味します。

みなさんも、長期的な世界経済の成長を信じられるなら、その果実を得ようと手を伸ばしてみたほうがよいのではないでしょうか。

ちなみに、私が「10年以上の長期運用を」と話すと、「運用して10年目にちょうど景気後退になって株価が大きく下がっていたら、どうすればいいのか」と質問を受けることがあります。

もちろん「10年以上の長期運用」は、「10年経ったら運用を止めて売却する」ということではなく、11年、12年、13年、さらに20年、30年と運用してもよいわけです。

ですから、10年経ったところで、もし株価が低迷していたら、そのまま積み立てを続けることをおすすめします。

過去の景気後退の際も、株価は数年以内には戻っています。

せっかくなので、安く買える間に「量（口数）」を増やそうと考えて積み立てを続けていけば、少し株価が戻ったところで利益が出る可能性がぐっと高まります。

もちろん、運用10年目のタイミングで、まとまったお金が必要になることが確定しているのであれば、そのタイミングに向けて「すぐに使える現預金」を準備しておくことは必要です。

相場が急落したときに備えて、当座、必要なお金は、長期運用する分とは分けて管理しておくことがとても重要です。

1本だけ選ぶなら低コストの「全世界株式インデックスファンド」

先にご説明したように、50代の方が資産管理のベースとして利用するのには、インデックスファンドが向いています。

私がこれから資産運用を始めるとするなら、新ＮＩＳＡで積み立てるファンドとして選ぶのは、1本で幅広く世界に分散投資できる「全世界株式インデックスファンド」です。

同じ指数に連動するファンド同士なら運用成績に差はありませんから、信託報酬が最も低いものを機械的に選びます。

なお、世界の株や債券に投資するファンドには「為替ヘッジなし」と「為替ヘッジあり」のタイプがあります。「為替ヘッジ」とは、為替レートの変動の影響を抑えることです。

為替レート変動の影響を抑えるには、先物取引やオプション取引などの手法を使うため、「為替ヘッジコスト」がかかります。「為替ヘッジあり」は、このコストの分だけリターンが低下するわけです。

私が選ぶのは、「為替ヘッジなし」のほうです。

もちろん「為替ヘッジなし」を選べば、為替相場が円高に振れた場合に、円ベースでの資産価値にマイナスの影響があります。

しかし、先にご説明したように、私は円安による資産価値の下落に備えるという観点では、通貨の分散をはかることが重要だと考えており、わざわざコストをかけて通貨分散の効果を打ち消してしまう「為替ヘッジあり」には魅力を感じません。

また積み立て投資であれば為替相場の変動についても時間分散が効きますから、新NISAで株式ファンドを積み立てながら、少しずつ外貨ベースの資産を増やしていくというのは、悪い選択ではないと思います。

世界の企業に分散して投資するインデックスファンドとして私が選ぶとしたら、「SBI・全世界株式インデックス・ファンド（愛称：雪だるま〈全世界株式〉）」（SBIアセットマネジメント）か「eMAXIS Slim全世界株式（オール・カントリー）」（三菱UFJアセットマネジメント）です（図36）。

どちらのファンドも、全世界の株式に投資するインデックスファンドの中で、ベンチマークは異なりますが、信託報酬が最安水準で、非常に低コストで運用することができます。

これら2本のファンドについて、詳しく中身を見ていきましょう。図37をご覧ください。

図36　ポートフォリオの組み方①
全世界の株式に1本のファンドで投資する

ファンド名	SBI・全世界株式 インデックス・ファンド （愛称:雪だるま 〈全世界株式〉）	eMAXIS Slim全世界株式 （オール・カントリー）
運用会社名	SBIアセットマネジメント	三菱UFJ アセットマネジメント
信託報酬等（税込）	**0.11%**	**0.05775%**
ベンチマーク	FTSE グローバル・ オールキャップ・インデックス （円換算ベース） 構成銘柄:約9,400 （小型株含む）	MSCI オール・カントリー・ ワールド・インデックス （配当込み、円換算ベース） 構成銘柄:約2,800
つみたてNISA 対象ファンド （つみたて投資枠）	○	○

※データは2023年3月末時点のもの

「雪だるま」は、全世界の株式市場の動きを示す「ＦＴＳＥグローバル・オールキャップ・インデックス」という指数に連動します。

コストを抑えながら、先進国企業、新興国企業、そして日本企業にも幅広くまとめて投資できる1本です。

国・地域別で大きな割合を占めているのはアメリカで、59・2％。その次が日本で6・5％、アメリカと日本を除く先進国が23・5％、新興国は9・9％となっています。

図37　ポートフォリオの組み方①
1本だけにしぼる場合

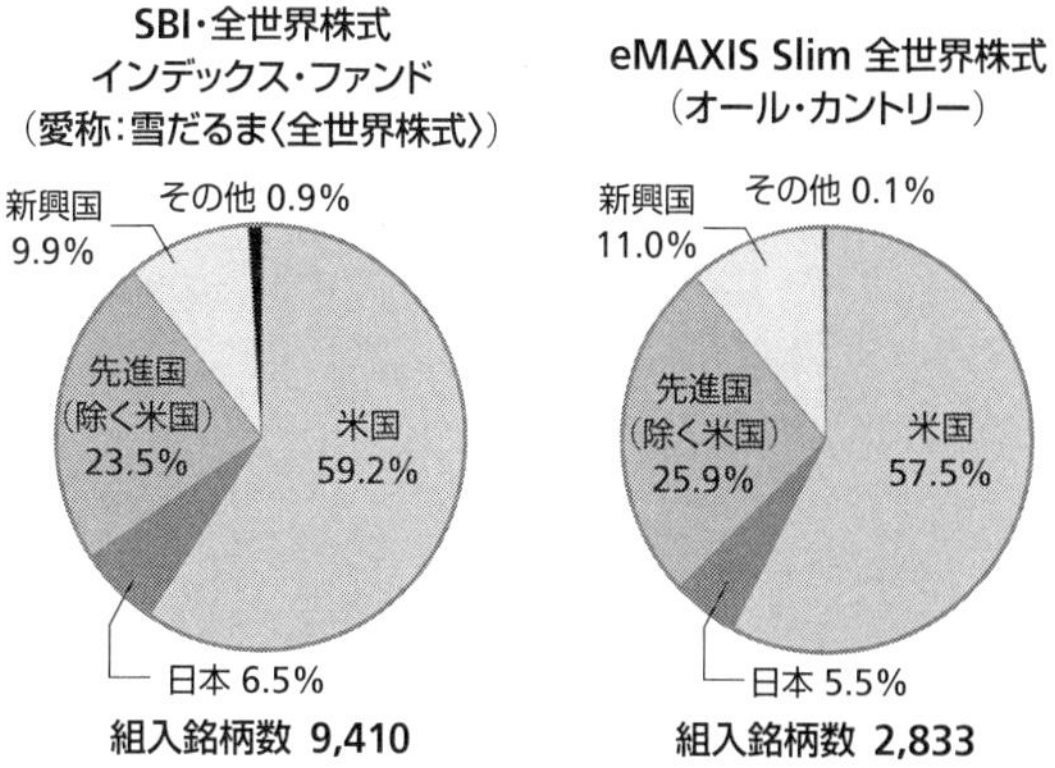

※データは2023年3月末時点のもの

実際の運用は、大型株から超小型株まで幅広い米国株で運用する「バンガード・トータル・ストック・マーケットＥＴＦ」、米国を除く先進国の株で運用する「ＳＰＤＲポートフォリオ先進国株式（除く米国）ＥＴＦ」、新興国の株で運用する「ＳＰＤＲポートフォリオ新興国株式ＥＴＦ」という３本のＥＴＦ（上場投資信託）を組み合わせており、構成銘柄数は９４００を超えています。

ＥＴＦとは投資信託の一種で、日経平均株価やＴＯＰＩＸなど、特定の指数に連動するように運用されています。金融商品取引所に上場されているため、金融商品取引所の取引時間内であれば、任意のタイミングで売買ができます。

この「雪だるま」は、アップルやマイクロソフトといった有名企業だけでなく、一般には名前が知られていない小型株まで幅広く組み入れられているのが特徴です。これは、今後の成長が期待できるという点で魅力的ではないかと思います。

もう一つの候補である「ｅＭＡＸＩＳ Ｓｌｉｍ全世界株式（オール・カントリー）」は、「ＭＳＣＩオール・カントリー・ワールド・インデックス（配当込み、円換算ベース）」というインデックスに連動するファンドで、日本を含む先進国と新興国の株式に投資します。

組入銘柄上位国・地域は「雪だるま」と似通っていますが、構成銘柄は約２８００強なので、「雪だるま」に比べると少ないといえます。

これまでのところ、実際のパフォーマンスは「雪だるま」と「ｅＭＡＸＩＳ Ｓｌｉ

ｍ全世界株式（オール・カントリー）」であまり大きな差はありません。

「とにかくコストの低いほうがいい」「より分散が効いているほうがいい」「小型株が含まれているほうが成長に期待できそう」といった好みによって、いずれか１本を選べばよいでしょう。

初心者で、まずはシンプルに始めたいという方や、できるだけ手間をかけずに済ませたいという方であれば、この２本の「世界中の株式に投資する超低コストインデックスファンド」のいずれか１本を選んで積み立てていけばＯＫです。

大手ネット証券であれば、どちらのファンドも取り扱っています。

「究極の分散投資」が可能になった！

「この１本だけを積み立てればいい」といえるようなインデックスファンドが登場したのは、実はここ数年の話です。

「雪だるま」の登場は２０１７年、「ｅＭＡＸＩＳ Ｓｌｉｍ全世界株式（オール・カントリー）」の登場は２０１８年のことでした。

近年は「貯蓄から資産形成へ」の流れの中、運用益が非課税になる制度の拡充が進み、運用会社は競うようにインデックスファンドの種類を増やしたり、コスト引き下げを行ったりしてきました。

そのような中、世界中の株式に幅広く投資しながら、信託報酬０・０５７７５％という超低コストで運用できるファンドが登場したのは、私たちにとって、とても喜ばしいことだと思います。

そして実は、インデックスファンドの進化は、いまも続いています。

２０２３年にはさまざまな指数、たとえばインド株インデックスやアメリカ小型株インデックスなどに連動するインデックスファンドが、おどろくほど低コストで投入されているのです。

こういった多様なインデックスファンドを複数組み合わせると、たとえば「成長著しいインドへの投資割合を少し高めにしておきたい」「小型株への投資割合を高めたい」

といった自分のニーズに合わせながら、さらに投資先を分散する「究極の分散投資」を行うこともできるわけです。

従来、低コストで「究極の分散投資」をするには、インデックスファンドではラインナップが足りませんでした。

私自身は少し自分のこだわりを反映して「究極の分散投資」をしたいと思っていましたから、ＥＴＦを使ってさまざまなインデックスで運用してきましたし、ＥＴＦによる「究極の分散投資」をテーマとした本も出してきました。

しかし、時代は大きく変化しました。

インデックスファンドのコストがここまで低下し、資産クラスも多様になっている昨今、わざわざＥＴＦを買う理由はかなり薄れているといえます。

細かい点を挙げれば、ＥＴＦには株式のようにリアルタイムで売買できるというメリットがあるので「相場を見ながらタイムリーに売買したい」という人にはおすすめなのですが、長期でじっくり積み立て投資をするのであれば、そのような必要もありません。

ある意味では、非常にいい時代になったということです。

インドは投資先として、こんなに魅力がある

そこで、ここからは「私がいま最新のインデックスファンドを使って『究極の分散投資』をするなら、どんなポートフォリオを組むか」を考え、具体的な組み合わせ方をご紹介したいと思います。

ここでもう一度、図37の「雪だるま」の構成比率を見てみましょう。

このグラフを見ていると、これから世界経済を牽引していくのがアジア諸国になっていくことを考えたとき、「少し米国株への投資割合が高すぎるのではないか」という気がします。

図38 主要国の実質GDP成長率(2022年〜2025年)

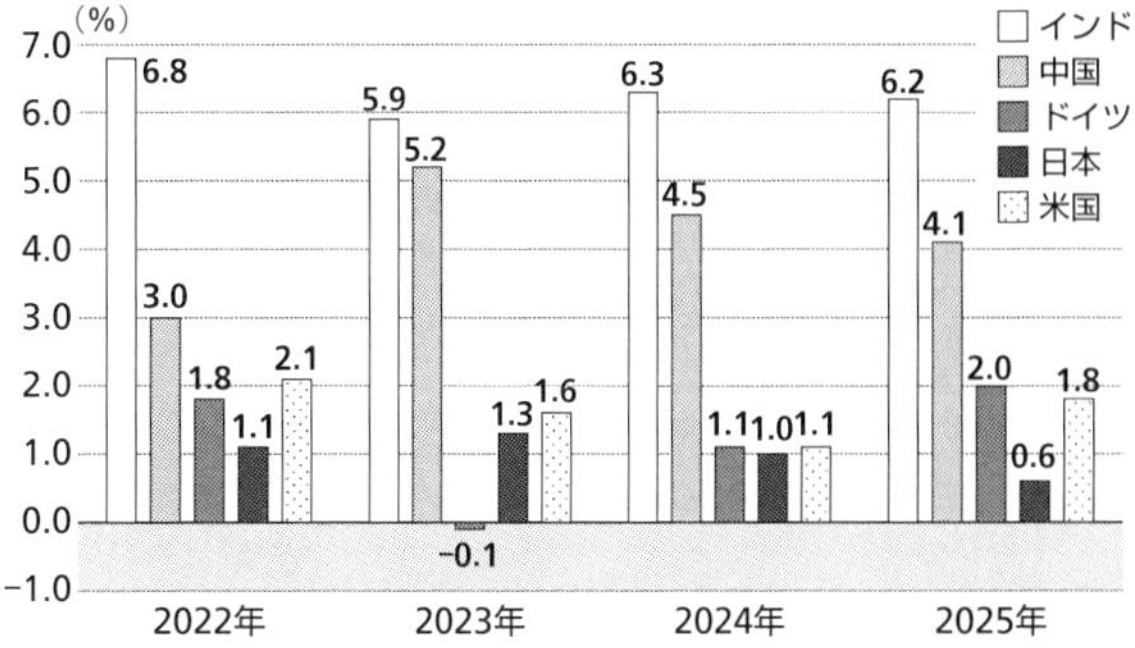

出所:国際通貨基金(IMF)「International Monetary Fund, World Economic Outlook Database, April 2023」より作成

インド経済は、今後も年率6%以上で成長し、世界経済を牽引する

個人的には日本株はもう少し増やしてもいいと思いますし、新興国への投資割合を高めること、中でも成長が期待できる国にはしっかり投資をしていくことも考えたいところです。

これからじっくり投資をするなら、注目したいのはインドです。

図38は、IMFによる主要国の実質GDP成長率予想を示したものですが、**インド経済は今後も年率6%以上で成長することが見込まれており、その勢いは日本や米国、ドイツなどの先進国や中国との比較でも明白**です。

図39　世界の実質GDP上位国の見通し（米ドルベース）

2050年（予想値）

	国名	実質GDP（10億米ドル）
1	中国	54,765
2	インド	33,363
3	米国	32,119
4	インドネシア	9,846
5	日本	6,060
6	トルコ	5,934
7	ドイツ	5,362
8	ブラジル	5,168
9	ロシア	4,882
10	メキシコ	4,620

出所:OECD「Economic Outlook No 109 - October 2021 - Long-term baseline projections」（購買力平価で換算した米ドルベース）より作成

2050年には、インドのGDPは、日本はもちろん米国をも超える

そして２０５０年には、インドのＧＤＰは米国を抜き去り、世界第２位の経済大国になる見通しとなっています（図39）。

インドが今後も大きく成長するであろうことは、生産年齢人口の推移からも予測できます。生産年齢人口とは、生産活動を中核となって支える人口のことです。

図40は主要国の生産年齢人口の推移を示したグラフです。

２０２３年にはインドの人口が中国を抜き去ったことがニュースになりましたが、急速に高齢化が

図40　主要国の生産年齢人口（1950年～2050年）

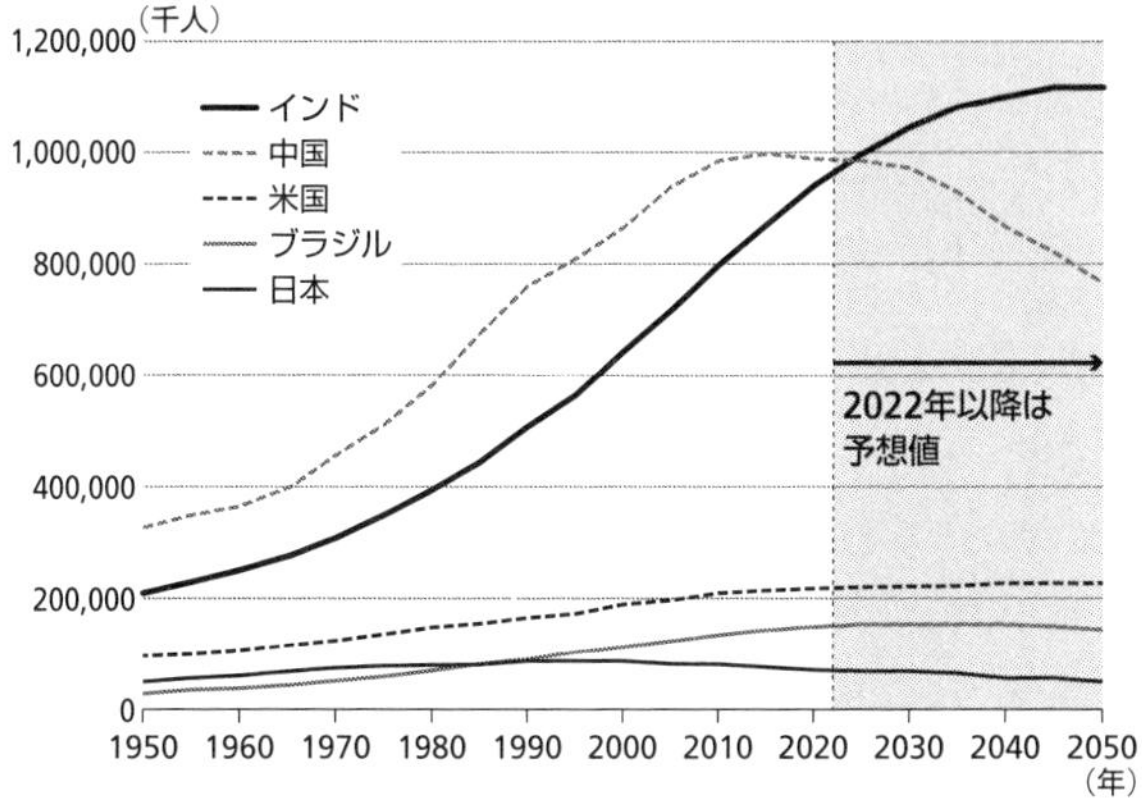

出所：国際連合「World Population Prospects 2022」（2022年以降は予想値）より作成

人口で世界第1位になるインドは、生産年齢人口でも圧倒的な1位となる

進む中国を尻目に、インドは生産年齢人口でも圧倒的な1位になる見込みなのです。

成長余力のある小型株や金《きん》も運用に組み込める

このほか、企業規模という観点から投資先を分散するため、小型株についてはより積極的に組み入れること、また私は資産分散という観点でポートフォリオの一部に「金（ゴールド）」を持つことを以前から著書の中でおすすめしてきましたから、せっかく「究極の分散投資」をするなら、ここで金にも一部投資することを考えたいと感じます。

さまざまな資産クラスの中から金を選び、株式主体のポートフォリオの中にあえて組み入れようと考えるのには、理由があります。

ここで、金という資産の特徴を整理しておきましょう。

まず、金はそのものが価値を持つ「実物資産（リアルアセット）」です。

株式や債券などの「紙の資産（ペーパーアセット）」に価値があるのは、その価値を裏づける企業や国などの発行体が存在しているからであり、発行体の信用力しだいでは価値が下落したり、場合によっては紙くずになってしまうこともあります。

しかし「現物資産」である金は、価値がゼロになるということはありえません。つまり、金は「信用リスクがない資産」だといえます。

また、金がほかの資産と異なるポイントとして、「通貨」としての顔を持つことがあげられます。

現物資産にはプラチナや銀などの貴金属もありますが、世界中で「通貨」として認められているのは、金だけです。金は、「カントリーリスクのない通貨」ともいわれます。金は24時間取引されており、世界中どこでも売買が可能です。

価格は日々変動するので、価格変動リスクがあります。また、取引は基本的にドル建てなので、ドル円の為替相場の影響も受けます。

投資対象としての金の特徴は、実物資産であるためインフレに強いこと、地政学リスクが高まり世界の不透明感が増すような局面では「カントリーリスクのない通貨」として注目されやすいこと、一方で、債券や株式のように利息や配当を生まない資産であるため、金利上昇局面では弱いことなどが挙げられます。

このような特徴から、仮にインフレと景気後退が同時に起こる「スタグフレーション」に陥るような局面では、金を持っておく意味が高まります。

もちろんスタグフレーションに陥るかどうかは誰にもわかりませんが、そのような経済状況になった場合の「保険」として、私は金をポートフォリオに一部組み入れるのは合理的だと思います。

私が50歳なら、この「究極の分散投資」一択！

このような考えから、インデックスファンドを組んだ「究極の分散投資」ポートフォリオが図41です。

組み入れるインデックスファンドは、資産クラスごとに「信託報酬が最も低い」という条件でピックアップしたものです。

まず、日経平均株価に連動するインデックスファンド「ＳＢＩ・ｉシェアーズ・日経２２５インデックス・ファンド」を組み入れ、日本株への投資割合を10％とします。

次に、日本を除く先進国の株式に投資するインデックスファンドとして「ニッセイ外国株式インデックスファンド」を50％組み入れます。

新興国株式全体への投資については、「ｅＭＡＸＩＳ Ｓｌｉｍ新興国株式インデックス」を利用して20％組み入れ、さらに「ＳＢＩ・ｉシェアーズ・インド株式インデックス

図41　ポートフォリオの組み方②
全世界株式（含む金）のポートフォリオを自分でつくる

ファンド名	つみたてNISA対象ファンド（つみたて投資枠）	組入比率（%）	信託報酬（税込み）（%）	組入比率に対する信託報酬（%）
SBI・iシェアーズ・日経225インデックス・ファンド	○	10	0.11	0.011
ニッセイ 外国株式インデックスファンド	○	50	0.09	0.045
eMAXIS Slim新興国株式インデックス	○	20	0.15	0.030
SBI・iシェアーズ・インド株式インデックス・ファンド	×（成長投資枠で投資）	5	0.46	0.023
SBI・V・米国小型株式インデックス・ファンド	×（成長投資枠で投資）	5	0.11	0.005
SBI・V・世界小型株式（除く米国）インデックス・ファンド	×（成長投資枠で投資）	5	0.13	0.006
SBI・iシェアーズ・ゴールドファンド（為替ヘッジなし）	×（成長投資枠で投資）	5	0.18	0.009
組み合わせポートフォリオ		100	加重平均信託報酬 0.129	

図42　著者が選ぶ「分散投資」の構成

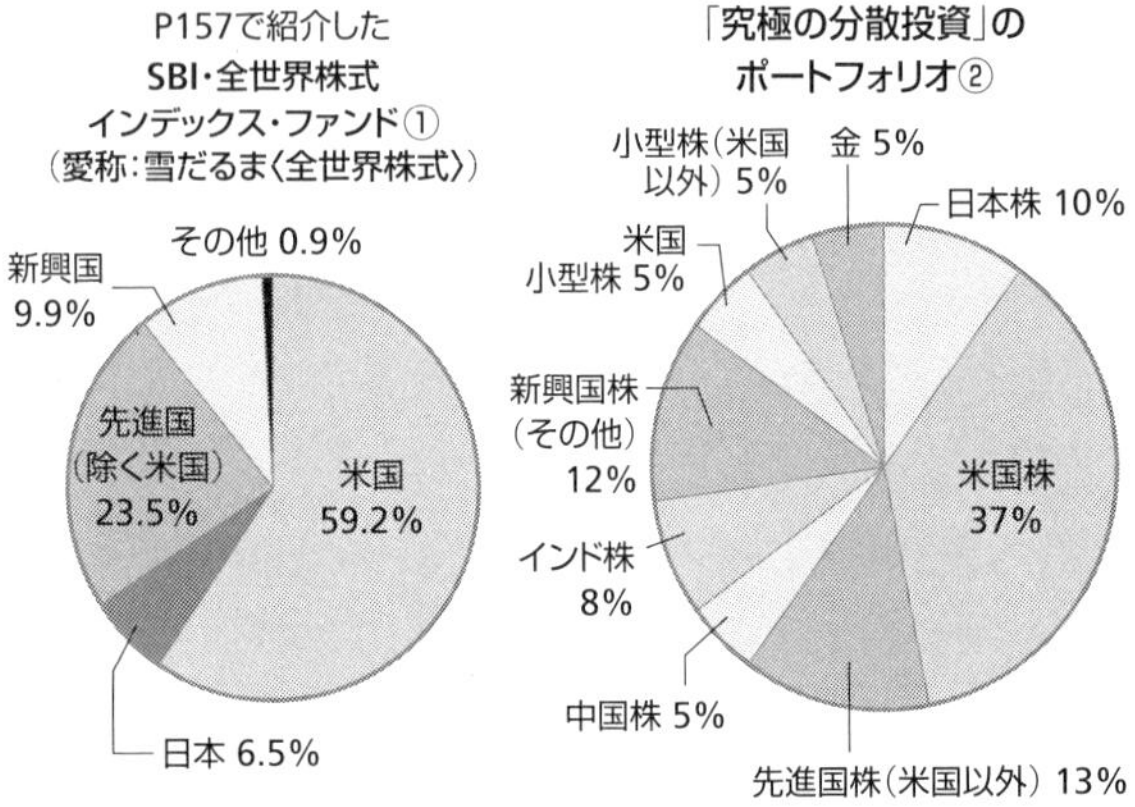

※SBI・全世界株式インデックス・ファンドのデータは2023年3月末時点、
ポートフォリオ②のデータは2023年6月末時点のもの

ス・ファンド」を5％組み入れることでインドへの投資割合を高めます。

小型株への投資については「SBI・V・米国小型株式インデックス・ファンド」と「SBI・V・世界小型株式（除く米国）インデックス・ファンド」を、それぞれ5％ずつ組み入れ、ポートフォリオ全体の10％は小型株で運用することにします。

金への投資は「SBI・iシェアーズ・ゴールドファンド（為替ヘッジなし）」を5％組み入れます。

このポートフォリオで運用すると、構

成比は日本株10％、米国株37％、その他の先進国株が13％、中国株が5％、インド株が8％、その他の新興国株が12％、米国小型株が5％、米国以外の小型株が5％、金が5％となります（図42の②）。

図41の下に記載されている「加重平均信託報酬」は「各ファンドの信託報酬×組入割合」を足し合わせたもので、「結局、このポートフォリオ全体をどれくらいのコストで運用できるのか」を示す数字です。

これが年0・129％ですから、十分に低い水準といえます。

これが**「いま私が50歳で運用するなら、これを選ぶ！」といえる、究極の分散投資のためのポートフォリオ**です。

インフレに備えて「海外債券ファンド」も有効

ここまでは「積極的にお金を増やしていくための運用」についてご説明してきましたが、50代ともなれば、ある程度の預貯金が手元にあるという方が多いのではないかと思います。

そのうち、「当面何かあったら使うかもしれないお金」や「向こう10年以内に使う可能性があり、長期運用に回せないお金」もあるでしょう。

そのようなお金も、すべて預貯金においておくのはおすすめできません。序章でご説明したように、今後はインフレによって現預金の価値が目減りしていく可能性が高いからです。

そこで、資産を守るという観点から「リスクを抑え、インフレに負けない程度の安定的なリターンを目指すための運用」について触れておきたいと思います。

リスクを抑えて安定的な運用をするためには、私なら「海外債券ファンド」を利用します。

一昔前まで海外債券ファンドは高コストなものが多かったのですが、債券ファンドにおいてもインデックスファンドの多様化や低コスト化が進んでおり、利用価値が高いと感じるものが出てきました。

先にご説明したとおり、債券ファンドは価格のブレが小さく、積み立て投資の効果はさほど高くありません。

このため債券ファンドについては、私は一括投資でもよいと考えています。

インフレがどんどん進む可能性もありますから、私なら早急に「インフレから守っておきたい分」をまとめて預貯金から海外債券ファンドに移すことを検討します。

また、新ＮＩＳＡは高い運用利回りが期待できる株式ファンドで運用するのが得策ですから、私なら海外債券ファンドについては一般の課税口座を利用して買います。

なお、海外債券ファンドも、私は為替ヘッジなしを選びます。

債券ファンドはリスク・リターンが低いとはいえ、為替リスクを取る以上は、為替相場が大きく円安に振れれば短期間で想定より高いリターンが得られる場合もありますし、円高に振れれば当然、円ベースのリターンがマイナスになることもあります。

このように聞くと「海外債券ファンドを買って円高になったら……」と不安になるかもしれませんが、私は「これくらいの現預金があれば、まずは安心だ」といえる分を円預金で確保しておけば問題ないと思います。

通貨分散という観点では「円高になっても円安になってもいい」といえるようにしておくことがポイントだと考えるからです。

ここまでの話を整理すると、まとまった預貯金がある場合、「当面何かあったら使うかもしれないお金」や「向こう10年以内に使う可能性があり、長期運用に回せないお金」については、私なら「一部を円預金で持ち、残りはインフレから守るために海外債券ファンドに移す」という選択をします。

海外債券ファンドは通貨分散の観点から「為替ヘッジなし」のもので、低コストなインデックスファンドを選びます。

おすすめの「海外債券ファンド」とは

では、具体的にどの海外債券ファンドを利用すればよいでしょうか？　私が候補とするファンドは2本あります（図43）。

図43　海外債券インデックスファンドの投資先候補

先進国債券インデックスファンド

ファンド名	信託報酬等 税込み（%）	償還日
eMAXIS Slim 先進国債券インデックス	0.154	無期限

米国債券インデックスファンド

ファンド名	信託報酬等 税込み（%）	償還日
SBI・iシェアーズ・米国総合債券 インデックス・ファンド	0.0938	無期限

１本は、「ｅＭＡＸＩＳ Ｓｌｉｍ先進国債券インデックス」（三菱ＵＦＪ国際投信）です。このファンドは信託報酬が年０・１５４％で、世界の債券に投資するインデックスファンドの中では最安の水準となっています。

「ｅＭＡＸＩＳ Ｓｌｉｍ先進国債券インデックス」がどのようなファンドなのか、中身を少し詳しく見てみましょう。

このファンドは「ＦＴＳＥ世界国債インデックス（除く日本、円換算ベース）」という指数に連動する投信で、日本を除く世界主要各国の公社債に投資します。

日本については、円預金に置いておく

図44　eMAXIS Slim先進国債券インデックスのポートフォリオ

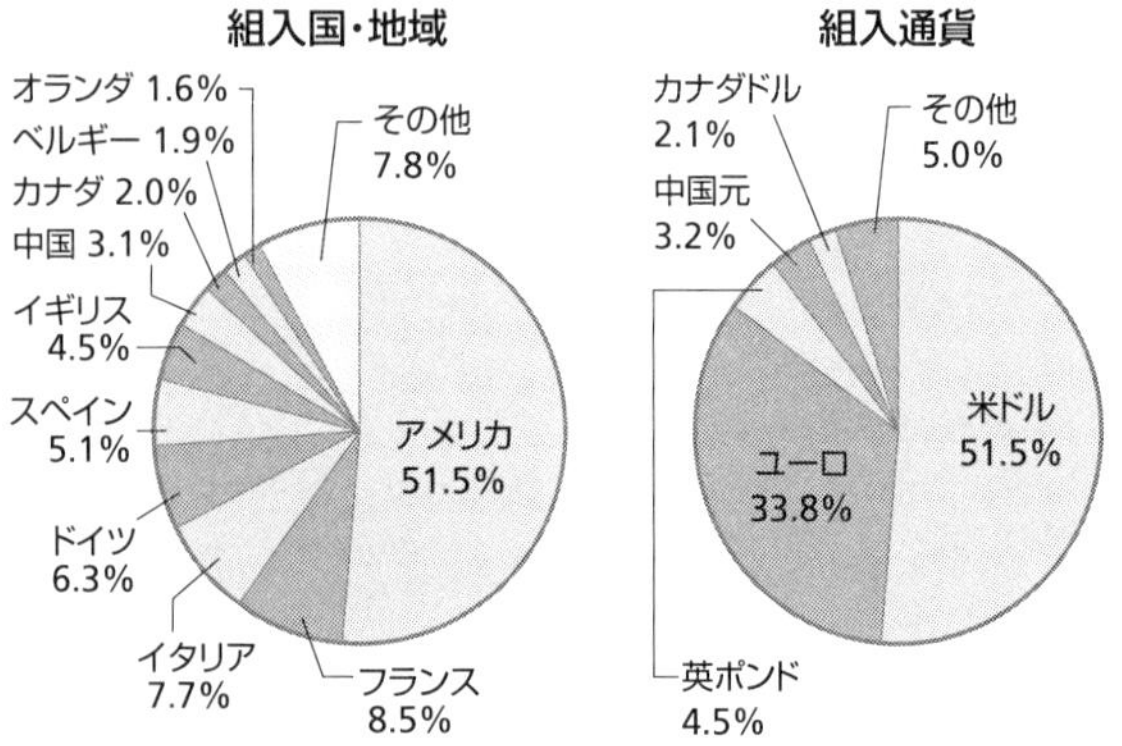

※データは2022年10月末時点のもの
※先進国債券（除く日本）＝FTSE世界国債インデックス（除く日本、円ベース）

分がありますから、債券ファンドは「日本を除く」インデックスに連動するものを選んでいます。

構成比率は図44をご覧ください。組み入れ上位の国・地域を見ると、アメリカが51・5％、フランスが8・5％、イタリアが7・7％、ドイツが6・3％、スペインが5・1％、イギリスが4・5％、中国が3・1％、カナダが2・0％、ベルギーが1・9％、オランダが1・6％となっています。

このような国々の国債や公社債を中心

に投資をしていくファンドであることがわかります。

また組入通貨を見ると、米ドルが51・5％、ユーロが33・8％、英ポンドが4・5％、中国元が3・2％、カナダドルが2・1％、その他が5・0％です。

通貨に関していえば、現在は米ドル一強という状況ですが、今後はユーロが強くなるかもしれませんし、中国元が強くなることも十分に考えられるでしょう。

そのようなさまざまな可能性に対して、1本のファンドにお金を移しておくだけで、これだけの通貨に分散できるわけです。

なお、ここでは「ｅＭＡＸＩＳ Ｓｌｉｍ先進国債券インデックス」をご紹介しましたが、運用の中身が同じで、信託報酬も同水準のファンドがほかに2本あります。「ニッセイ外国債券インデックスファンド」（ニッセイアセットマネジメント）と、「ダイワつみたてインデックス外国債券」（大和アセットマネジメント）です。これら3本はどれを選択しても構いません。

もう1本は2023年に新たに登場したファンド「ＳＢＩ・ｉシェアーズ・米国総合

図45　SBI・iシェアーズ・米国総合債券インデックス・ファンドのポートフォリオ

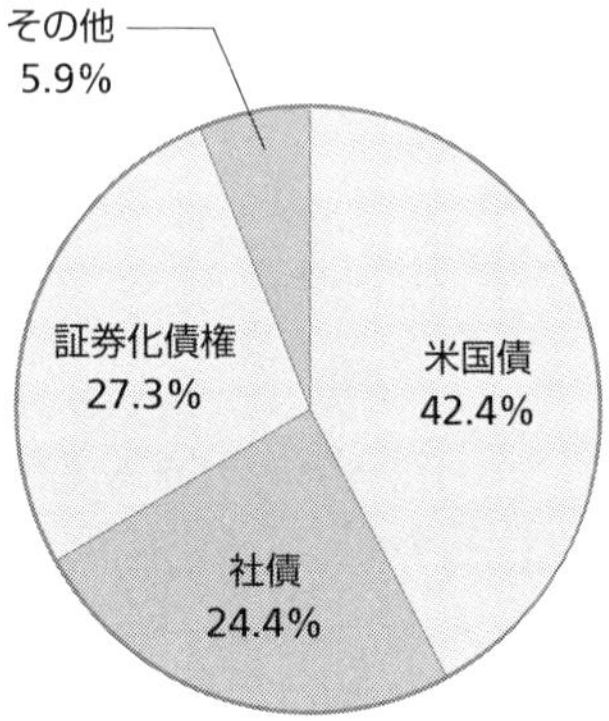

※データは2023年8月3日時点のもの

債券インデックス・ファンド」です。

　このファンドは「ブルームバーグ米国総合債券インデックス（円換算ベース）」という指数に連動する投信で、名前のとおり、米国のさまざまな債券を投資対象としています。構成比率は図45をご覧ください。

　米国債が42・4％、社債が24・4％、このほか貸付債権等を証券化した債券も27・3％組み入れられています。


　このファンドを取り上げたのは、信託報酬が０・０９３８％と非常に低いことが理由です。そもそも債券ファンドは期待できる運用利回りがさほど高くはないので、ファンド選びでは「信託報酬がいかに低いか」の重要性がより高くなります。

通貨分散という観点では、先にご紹介したeMAXIS Slim先進国債券インデックスのほうが望ましいといえますが、運用利回りを高めるためコストを重視したいという方、「通貨の分散といっても、とりあえず米ドルを持っておけばいい」という方であれば、選択肢になるでしょう。

図43の2本のどちらを選ぶかは悩ましいところですが、私としては、これから米国では金利の低下が見込まれますから、本書執筆時点で選ぶなら、**債券価格の上昇に期待して「SBI・iシェアーズ・米国総合債券インデックス・ファンド」**を選ぶと思います。

収入から「積み立てる」という意識が大事！

ここまで、私ならどのファンドを選ぶか、それぞれのファンドをどのように買うかをご紹介してきました。

改めて整理すると、シンプルにいきたい方は「全世界株式インデックスファンド」1本ですませ、こだわりたい場合はインデックスファンドを組み合わせた「究極の分散投資」ポートフォリオで、新ＮＩＳＡを使って積み立てていくことをおすすめします。

私なら、個々の資産の動きを見たいので、後者の「究極の分散投資」を選ぶでしょう。

では、具体的に「何をどれくらい買うか」はどのように考えればいいでしょうか？

いま「金融資産」といえるほどの預金等がなく、老後に大きな不安があるという方の場合は、とにかく月々の収入から可能な分だけ積み立て投資をしていく必要があります。

「貯蓄もできていないのに、投資なんて……」と思うかもしれませんが、積み立て投資で老後の資金づくりをするうえで非常に重要なのは、「投資」そのものよりも、収入からの毎月の「積み立て」だということを、ここで強調しておきたいと思います。

お金をあまり貯められていない人によくあるのは、月々の生活費をやりくりして「余った分を貯める」というやり方をしているケースです。

「大きな支出があったりして、やりくりが大変なときは、貯めなくていい」というやり方では、資産づくりのペースが不安定になります。

投資するかどうかに関係なく、マネープランニングの一歩目としてすべての人にとって重要なのは、**「毎月の収入の中から積み立てをし、残った分でやりくりする」という仕組みをつくってしまうこと**です。

先に、生命保険の見直しについて触れましたが、毎月固定で支払っているお金の中から無駄なもの、不要なものを集めれば、数万円の余裕が生まれるケースも少なくありません。収支の見直しをしたうえで、毎月、積み立てをしていきましょう。

この本をここまで読んでくださった方なら、長期で準備していく老後資金に関しては、「漫然と預金口座にお金を置いておく」のではなく「投資信託にお金を積み立てる」ほうがよいということはご理解いただけていると思います。

収入から積み立てられる分は、給与振込口座から積み立て分が引き落とされるように設定するのです。そうすると、「残高があるから、うっかり浪費してしまった」ということを避けられるはずです。

新NISAのつみたて投資枠を使い、月10万円（年間120万円）を目指せればすばらしいですが、難しければ月3万円、5万円といった金額からでも構いません。少しずつ積み立て額を増やしていけるよう、できるだけ頑張ってみてください。

保有資産額別に、どのように運用するかを考える

読者のみなさんの中で最も多いのは、おそらく「これまである程度貯蓄をしてきたけれど、老後資金の準備としてはまだ足りない」という方ではないかと思います。

つまり、ある程度の現預金を持っていて、「資産を守りながら積極的に増やす」ことを目指す必要がある方です。

この場合、毎月の収入から積み立て投資をして、老後の資金づくりを継続することに加え、いまある現預金を「インフレから守りつつ、一部は積極的に運用して増やす」ことも考えるべきです。

いまある現預金については、私ならざっくり「現預金20％、海外債券ファンド20％、積極的に運用する分60％」に分けて考えます。

まず①海外債券ファンドに置く分は課税口座で一括投資し、②「現預金20％＋積極的に運用する分60％」は、定期預金口座など、いつでも給与振込口座に移せる別の口座に取り分けておきます。

次に、③月々の収入から毎月、新ＮＩＳＡで株式ファンドの積み立てに回せる金額を決めます。

実際に、毎月一定額ずつ株式ファンドに積み立てていく金額は、「収入から積み立てる分」に「定期預金口座などに置いている積極運用分のお金」を足して決めることになります。

たとえば、いま私が金融資産を預金で１０００万円持っているとしましょう。

この場合、預金として確保する分が２００万円、海外債券ファンドに移す分は２００万円で、定期預金口座などのお金から株式ファンドの積み立てに回す原資は６００万円となります（図46）。

預金６００万円からどんなペースで積み立てるかは自由に決めて構いませんが、仮に

図46　預金から「安定運用」と「積極運用」に資金を移す

		安定運用	積極運用
金融資産	預金	海外債券ファンド	世界株式ファンド
100%	20%	20%	60%
1,000万円	200万円	200万円	600万円
2,000万円	400万円	400万円	1,200万円
3,000万円	600万円	600万円	1,800万円
5,000万円	1,000万円	1,000万円	3,000万円（うち、新NISAで1,800万円を運用）

**積極運用分は1年分ずつ給与振込口座に移し、
毎月、同じ額を新NISAに積み立てる**

毎月5万円ずつ積み立てるとするなら、まず定期預金口座から1年分（5万円×12カ月＝60万円）を給与振込口座に移しておきます。

　そのうえで、たとえば収入から積み立てる分が毎月3万円なら、給与振込口座から毎月8万円（5万円＋3万円）を引き落として積み立てるように設定します。

　この場合、もともと持っている預金を、新NISAの「つみたて投資枠」に移していくのには、10年かかることになります（60万円×10年＝600万円）。いま50歳の方であれば、定年前にはベースとなるポートフォリオが完成するイメージです。

より多くの金融資産を持っている場合についても考えてみましょう。

たとえば、いま預金で２０００万円持っているとするならば、預金として確保する分が４００万円、海外債券ファンドに移す分が４００万円、株式ファンドの積み立てに回す分は１２００万円となります（図46）。

一方、新ＮＩＳＡで積み立て投資できる額は、つみたて投資枠で月10万円、成長投資枠で月20万円あり、最大で月30万円まで積み立てが可能です（図47）。

仮に毎月の収入から積み立てる分が５万円として、できるだけ早く「最終形」に近づけるとすると、預金１２００万円からは毎月25万円ずつ（年間３００万円）積み立てればよいことになります。「最大で月30万円」の枠をフル活用して、年間３６０万円（収入からの積み立て分60万円＋預金からの３００万円）を積み立てていく計算です。

このペースだと４年後には「もともとの預金から積み立てに回す分の１２００万円」

図47　「つみたて投資枠」と「成長投資枠」の併用における最大投資枠は最短5年で埋められる

	1年	2年	3年	4年	5年	
つみたて投資枠	120万円（月10万円）	120万円（月10万円）	120万円（月10万円）	120万円（月10万円）	120万円（月10万円）	600万円
成長投資枠	240万円（月20万円）	240万円（月20万円）	240万円（月20万円）	240万円（月20万円）	240万円（月20万円）	1,200万円
	360万円	360万円	360万円	360万円	360万円	1,800万円

を新ＮＩＳＡに移し終えることができます。

　新ＮＩＳＡで使用する枠は、月々の収入から積み立てる分が２４０万円（５万円×12カ月×４年）になるので、合計で１４４０万円（１２００万円＋２４０万円）。５年目以降は、毎月５万円ずつ、「新ＮＩＳＡの最大投資可能枠１８００万円」が埋まるまで、積み立てを継続していきます。

　新ＮＩＳＡの枠を使い切った後は、そこで積み立てをやめるのではなく、一般の課税口座で積み立てを継続していきま

す。

なお、積み立ては「全世界株式インデックスファンド」1本でOKですが、「究極の分散投資」ポートフォリオで運用する場合は、商品ごとに積み立て額を振り分ける必要があります。

その際、成長投資枠でしか買えないファンドがあることにも注意が必要です。

私が候補とする選択肢をご紹介しましたが、仮に私の金融資産が2000万円だとすれば、私はできるだけ早く「最終形」に近づけたいと考え、前述のように毎月合計30万円を積み立てていくと思います。

そこで、つみたて投資枠と成長投資枠をフル活用して毎月30万円ずつ積み立てる場合に、具体的にどのファンドにいくらずつ積み立てればよいかを図48にまとめましたので、参考にしてみてください。

図48　「つみたて投資枠」&「成長投資枠」の両枠とも投資信託で、5年間の定時定額(積み立て)で投資

ポートフォリオ②

ファンド名	投資枠	組入比率(毎月)	つみたて投資枠(毎月)	成長・投資枠(毎月)	合計(毎月)
SBI・iシェアーズ・日経225インデックス・ファンド	つみたて投資枠	10%	2万円	1万円	3万円
ニッセイ 外国株式インデックスファンド	つみたて投資枠	50%	5万円	10万円	15万円
eMAXIS Slim 新興国株式インデックス	つみたて投資枠	20%	3万円	3万円	6万円
SBI・iシェアーズ・インド株式インデックス・ファンド	成長投資枠	5%		1.5万円	1.5万円
SBI・V・米国小型株式インデックス・ファンド	成長投資枠	5%		1.5万円	1.5万円
SBI・V・世界小型株式(除く米国)インデックス・ファンド	成長投資枠	5%		1.5万円	1.5万円
SBI・iシェアーズ・ゴールドファンド(為替ヘッジなし)	成長投資枠	5%		1.5万円	1.5万円
組み合わせポートフォリオ		100%	10万円	20万円	30万円

おわりに

最後までお読みいただき、ありがとうございました。

本書では、50歳からでも資産運用に取り組むのに遅いということはなく、むしろ運用しないリスクを考えるべきであるということや、リスクを抑えて安定的な資産形成を目指すための積み立て投資のポイント、インフレによる現預金の減価から大事なお金を守る方法などをご紹介してきました。

資産運用に対する不安が払拭できたら、あとは積み立てを始めるだけです。

ここで、「やり方はわかったけれど、積み立てはいつから始めればいいの？」と疑問に思う方もいるでしょう。私がこれから景気後退に入る可能性も指摘したので、「すぐ始めるのは避けたほうがよさそう」「景気がよくなってからスタートしたほうがいいのでは？」と思う方もいるかもしれません。

そのような疑問に答えるなら、私は「積み立てはいつスタートしてもいいので、本書を読み終えたいま、すぐに口座開設などの準備にとりかかってください。そしてできるだけ早く積み立てを始めましょう」とお伝えしたいと思います。

図49をご覧ください。

このグラフは、全世界株式に20年間積み立て投資をした場合に、積み立てを開始したのが何年何月だったかによって最終的な投資成果がどうなったかを示したものです。

積み立ては、投資開始月から毎月1万円ずつ、20年間（２４０カ月）。つまり、投資元本は２４０万円です。

最も成果がふるわなかったケースは、１９８８年に積み立てを開始し、20年後の２００８年まで続けた場合です。

つまり、このケースは、20年後がちょうどリーマン・ショックによって相場が急落し

図49　全世界株式の20年積み立て投資の成果

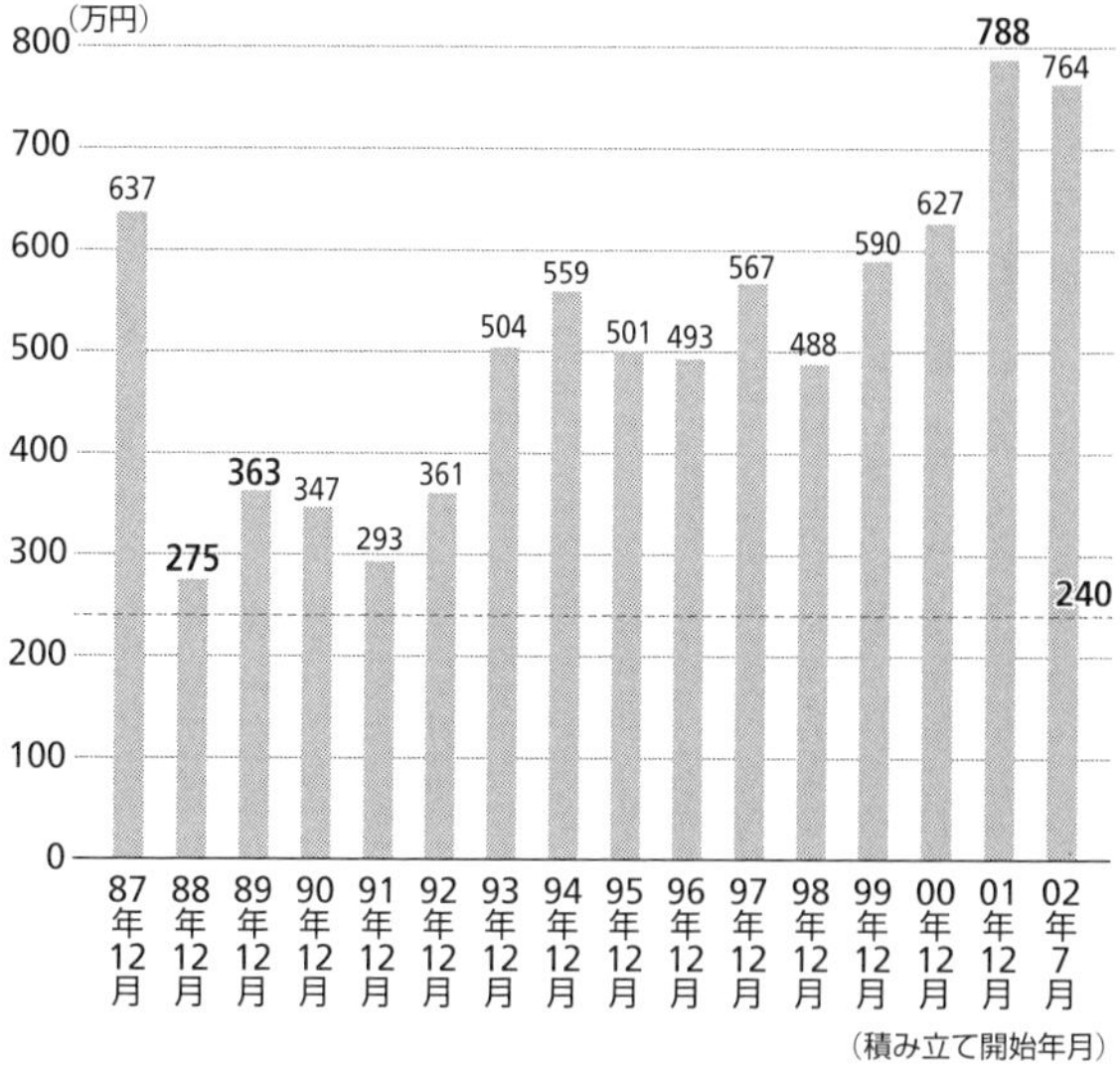

※全世界株式＝MSCI全世界株式指数（配当込み、円ベース）
※円ベース指数値は、月末の米ドルベース指数値に、月末米ドル・円レートをかけて算出
※米ドル円レートは、1989年12月までは日本銀行公表の「東京市場 ドル・円 スポット（17時時点/月末）」、1990年1月以降は三菱UFJ銀行TTM
※投資開始月から毎月1万円ずつ、20年間（240カ月）積み立て投資を行い、翌月末の時価で評価したと仮定

積み立て投資は開始時期を気にする必要はない

た後のタイミングだったわけです。

これほど「最悪」のタイミングもそうないと思いますが、それでも投資したお金が減ってしまうことはなく、２４０万円が２７５万円に増えていることがわかります。

一方、このグラフの中で一番結果がよかったのは、２００１年12月に積み立てを始めたケースです。２０２１年12月までの20年間にはＩＴバブルの崩壊やリーマン・ショックがあったわけですが、相場が低迷していた時期にコツコツ積み立てを続けていたことで「量（口数）」を増やせたことも奏功し、２４０万円が７８８万円にまで増えています。

なお、「最悪」のケースでも「最高」のケースでもいえることですが、積み立てを20年きっかりで止める必要はありません。たとえ20年目を「最悪」のタイミングで迎えたとしても、その後も積み立てを続けながら相場の回復を待てば、より高い成果を挙げることも可能になります。

いずれにしても過去のデータからいえるのは、**どのタイミングで積み立てをスタートしても、20年継続すれば、投資元本を回収できている**ということです。

繰り返しご説明してきたように、運用期間が長くなればなるほど、リスクは低減します。相場がこの先どうなるか誰にもわからない中、「始め時」を考えて先延ばしにするよりも、早くスタートして、できるだけ長く運用していくことをおすすめします。

また、積み立てをスタートした後、長い運用期間の間には、相場が大きく下落することもあるでしょう。そのときにうろたえて売ってしまえば、投資の成果を手にすることはできません。

値下がりしたときに売却してしまわないことはもちろん、「安くたくさん買えるチャンスがきた！」ととらえ、積み立てを継続しましょう。そこで積み立て続けてこそ、後の、より大きな投資成果につながるということを忘れないでください。

ただし、私は「積み立てている間は、絶対に売ってはいけない」とお伝えしたいわけではありません。値上がりすれば、「せっかくだから少し売って利益を確定しておこうか」という気持ちになることもあります。

お金を使う予定がないのであれば、売却せずに持ち続けることで複利効果が高まるので売らないでおくのがおすすめではあるのですが、とはいえ「売らずに我慢すべきだ」とは思いません。

あまり難しく考えず、ときには売却して投資で儲ける楽しさを味わうのもいいと思います。

これからみなさんは、長く資産運用していくことになるでしょう。どうぞ肩の力を抜いて、本書を閉じたらさっそくスタートしてみてください。

10年後、20年後に、きっと「あのとき積み立てを始めていてよかった」と思っていただけると信じています。

著者略歴

朝倉智也《あさくらともや》

SBIグローバルアセットマネジメント株式会社　代表取締役社長。

一九六六年生まれ。一九八九年慶應義塾大学文学部卒。

銀行、証券会社にて資産運用助言業務に従事した後、一九九五年米国イリノイ大学経営学修士号（MBA）取得。

同年、ソフトバンク株式会社入社。財務部にて資金調達・資金運用全般、子会社の設立および上場準備を担当。

一九九八年モーニングスター株式会社（現 SBIグローバルアセットマネジメント株式会社）設立に参画し、以来、常に中立的・客観的な投資情報の提供を行い、個人投資家の的確な資産形成に努める。

SBIホールディングス株式会社の取締役副社長を兼務し、SBIグループ全体の資産運用事業を管理・運営する。

幻冬舎新書　709

投資のプロが明かす
私が50歳なら、こう増やす！

二〇二三年十一月三十日　第一刷発行

著者　朝倉智也
発行人　見城　徹
編集人　小木田順子
編集者　四本恭子
発行所　株式会社　幻冬舎
〒一五一-〇〇五一　東京都渋谷区千駄ヶ谷四-九-七
電話　〇三-五四一一-六二一一（編集）
〇三-五四一一-六二二二（営業）
公式HP　https://www.gentosha.co.jp/
ブックデザイン　鈴木成一デザイン室
印刷・製本所　中央精版印刷株式会社

検印廃止

Printed in Japan　ISBN978-4-344-98711-1 C0295
あ-22-1

＊この本に関するご意見・ご感想は、左記アンケートフォームからお寄せください。
https://www.gentosha.co.jp/e/